Four German Stories

FOCUS GERMAN READERS

1,000 Jahre deutsche Literatur • Gudrun Clay • 2002
Four German Stories • Ruth H. Sanders • 2003

Four German Stories

Vier Familiengeschichten für unsere Zeit

with introduction,
exercises, notes and glossary

Ruth H. Sanders
MIAMI UNIVERSITY (OXFORD, OHIO)

A FOCUS GERMAN READER

ISBN 1-58510-025-0

Book Team:

Publisher: *Ron Pullins*
Production Editor: *Melissa Wood*
Editorial Manager: *Cynthia Zawalich*
Marketing Manager: *Melissa Massello*

10 9 8 7 6 5 4 3 2 1

Contents

Introduction

Vier Familiengeschichten für unsere Zeit is a reader for college students of German, introducing them to literature or cultural studies courses at the advanced level. The short stories are postwar and contemporary, by German and Austrian writers, focusing on family life. "Am Rande" by Monika Helmecke centers on a young boy, poised between childhood and maturity, who starts to question parental ideas about right and wrong. Gertrud Fussenegger's "Das Testament" explores a family's greed and how a chance occurrence turns this on its head. Doris Dörrie's "Gutes Karma aus Zschopau" highlights stereotyped expectations that eastern and western Germans have of each other. "Das Heimweh" by Hans Lebert depicts one family's intergenerational chasm, displayed against a closed-minded and provincial rural village. All the stories present situations and characters that can be understood across time, cultures and distance; all concern the family, which, however much under the pressure of change, remains the touchstone of childhood and youth.

The stories are arranged in order of increasing complexity, in vocabulary and syntax as well as in style, topic, and approach. Many students will be able to read "Am Rande" at sight, and its incidents and central problem are clear and easily summarized. "Das Heimweh," the final story in the collection, on the other hand, is much longer and more complex in style, an exploration of character with less reliance on incident, and correspondingly demands much of readers.

What the stories have in common aside from their family themes is their challenge to accepted norms, norms which are for the most part shared by their culture of origin and current American culture. All four challenge the reader to rethink accepted everyday behavior and ethics, and may thus be considered "demanding" literature in the sense described by Janet Swaffar ("Written texts

1

and cultural readings," in *Text and Context: Cross-Disciplinary Perspectives on Language Study*, Claire Kramsch and Sally McConnel-Ginet, eds. Lexington, MA: DC Heath, 1992, 245).

The standard reading aids are provided, including footnotes for difficult or idiomatic phrases and a glossary including virtually every word found in the stories. To foster not just the comprehension of the story at hand, but also the development of literacy in German, a reading strategies approach underlies the discussion questions and essay topics provided for each story in the volume. These are designed to support the student in a process of moving from language comprehension to deeper reading and interpretation, as well as appreciation of the tools used by authors to create literary meaning.

Explicit instruction in reading strategies has gained new popularity in recent years in foreign language teaching (for example, see Bette G. Hirsch, *Languages of Thought*, New York: College Entrance Examination Board, 1995), but it has been part of teaching first-language literacy far longer. One early example is *How to Read a Book: The Classic Guide to Intelligent Reading*, by Mortimer J. Adler and Charles van Doren (revised ed., New York: Simon and Schuster, 1972, original ed. 1940), which was for decades the foundation of both classroom instruction and self-help for college readers who wanted to improve their high-level reading and critical skills. Additionally, it provided a principled foundation for the speed-reading courses popular in the 1960s and 1970s, which were marketed to those who wanted to read faster, but which proved effective also in increasing comprehension.

A reading strategies approach encourages students to coax meaning out of foreign language texts by *figuring out* instead of by *looking up;* multiple *extensive* readings of the text are recommended rather than an attempted single *intensive* reading. The typical (and counterproductive) learner's method of looking up each unfamiliar word in a dictionary results not in comprehension but in a 'word salad' in the form of English equivalents, often inaccurate, written between the lines of the German text. A reading strategies approach urges students to develop the habit of scanning a text first, forcing themselves to move to the end even if not much meaning is clear to them on this first pass. Then, they should stop and think over whatever they have gleaned, and use this information as scaffolding for their own schema of the story during the next pass, and so forth to as many readings as are necessary. Some vocabulary look-ups will be necessary, but it is important not to let these look-ups dominate early readings, when the reader does not yet have an idea of the context of the story.

To support formation of this habit of reading and re-reading (which will demonstrate its superiority to the intensive look-up method after one conscientious application), some aids are provided. These include:

Preliminary questions (Vor dem Lesen)

Short-answer or true-false questions appear before each text or section of text. These should be first read through by the student, then answered after a first browsing of the text, helping the reader to create a preliminary outline of the story's context. They will be even more helpful if they are revisited after the second, more detailed reading of the text.

Post-reading questions (Nach dem Lesen)

These ask readers to search the text for characteristics of style (such as alliteration or thematic repetition), for turning points in the plot, or for symbolism, or may call for short but thoughtful interpretive comments. Students may be advised to read these questions too before careful reading of the text, so that they may serve as advance organizers.

Zum Schreiben oder zur Diskussion

These questions, asking for more extensive interpretation, may be used as short essay questions (4-5 sentences) or for small-group or partner discussion, which may then be expanded to whole-class discussion. Typically, they focus on identification of the narrator's standpoint, the characters' standpoint, and the cultural norms being presented and/or put into question by the story.

Aufsatzthemen

Suggested topics for extended (2-3 pages) essays ask for reflection on a larger theme, at times comparing two of the stories. They provide opportunity for the instructor to address writing skills such as formulation of a thesis statement, construction of an argument, and organizing an essay into paragraphs that develop a theme.

The glossary

The glossary represents post-reform spelling, even though the stories, first published before the spelling reform, retain the traditional spelling. Authors generally prefer their work to be published without changes, including orthographic ones. Students' attention may be called to this compromise solution, but the minor variations should present no difficulty.

The glossary lists English equivalents of the words as they are used in these stories; thus, in some cases, a common meaning of a word is absent, if this meaning does not occur in the text. An attempt has been made to provide a listing for every word in the stories without judgment as to whether students know or ought to know particular words. In the editor's experience failing to list even common words will inevitably result in students' consulting at least on some occasions an outside dictionary, which in turn will result in their losing confidence in the glossary. Of course this makes the glossary an enabler for students who persist in looking up large numbers of words in defiance of good advice not to do so. Still, it was thought preferable to provide a potential overabundance of information rather than to force students with a lookup habit to use a separate dictionary.

All four stories are of high literary quality and provide examples of how literature can present with sympathy the human condition and its ethical dilemmas.

Acknowledgements

I thank my colleagues Professor Audrone Willeke (Miami University), Professor Michael Bachem (Miami University), Professor Robert DiDonato (Miami University), Przemysław Tokarski (University of Munich, Germany), Professor Jacqueline Vansant (University of Michigan-Dearborn), Jutta Pfleger (Miami University), Professor Mila Ganeva (Miami University), and Professor Claire M. Baldwin (Colgate University) who read the manuscript and offered much appreciated advice and criticism. To my husband, Alton F. Sanders, my appreciation for his always patient support.

Am Rande[1]

Monika Helmecke

About the author

Monika Helmecke, born in Berlin in 1943, is the author of several volumes of short stories, novels, radio plays, and children's books. A freelance writer since 1978, she has published detective novels (*Versprochen ist versprochen*,1996; *Das letzte Fondue*,1998), collections of short stories (*Klopfzeichen*, 1997, and (with her husband and son) a travel memoir (*Norwegen—Ein Jahr hinter dem Polarkreis*, 1999). In her fiction she portrays childhood experiences that continue to reverberate into adulthood, centering on love, respect, and human dignity. This story, which takes place at the main character's critical juncture between childhood and adolescence, when he is being socialized by his parents into maturity, appeared in an anthology of Helmecke's stories published in 1990.

About the story

In this story from the former German Democratic Republic (pre-unification East Germany), a boy's mother is at first pleased that her son is helping their elderly neighbor, because "alten Leuten muss man helfen." But then

---

[1] from Monika Helmecke, *Himmel und Hölle*. Berlin: Verlag Neues Leben, 1990. Reprinted by kind permission of Verlag Neues Leben.

certain discoveries are made about the old lady which seem to cancel that principle. Or do they? The boy begins to doubt his parents, and is cast suddenly into the ambiguities of adulthood.

Vor dem Lesen

Read the statements below, then browse the story quickly, taking no more than one minute per page. Then complete the statements.

1. Die alte Frau trug _____.

2. Der Junge war _____ Jahre alt.

3. Die Mutter sagte zuerst, alten Leuten _____.

4. Die alte Frau bat den Jungen, _____ zum Laden zurückzubringen.

6. Die Mutter nannte die alte Frau _____.

7. Der Junge entschloss sich am Ende, _____.

Die Erzählung

Now read the story in detail. Use the footnotes to help you understand, but try not to look up words in the glossary.

Am Rande

Der Junge hatte sich nichts weiter dabei gedacht,[2] höchstens etwa,[3] diese Oma, steht da und pustet, oder, was die alles noch so zusammenschleppt,[4] vielleicht hatte er aber auch gedacht, warum soll ich ihr eigentlich nicht helfen, wenn es ihr zu schwer ist. Später wußte er nicht mehr, ob und was er gefühlt oder gedacht hatte, als er der Frau die Tasche abnahm. Sie war sehr schwer gewesen, und beim Tragen war er sich nicht sicher, sollte er sich ärgern,[5] daß er auf die Idee gekommen war, dieses schwere Ding von Tasche in den zweiten Stock[6] zu tragen, oder sollte er stolz darauf sein, daß er schon in der Lage war, sie hochzuschleppen. Schließlich war er erst zehn Jahre alt, oder schon. Seine Mutter benutzte manchmal das

---

[2] **hatte sich nichts weiter dabei gedacht** didn't think anything further about it

[3] **höchstens etwa** at the most, something like this

[4] **was die alles noch so zusammenschleppt** what a lot of stuff she's dragging around

[5] **sollte er sich ärgern** if he should be annoyed

[6] **in den zweiten Stock** to the third floor (*the first floor in the German system is not numbered; the second floor is then 'der erste Stock', and so on*)

Wort "erst" und manchmal "schon", da wußte er nicht genau, wie er sich selbst einordnen sollte. Er hatte jedenfalls die Tasche hochgetragen, obwohl ihn die Frau davon abhalten wollte, dann aber hatte sie sich bedankt, noch lange und laut von unten, denn er war ja viel schneller, selbst[7] mit der Tasche, und er war pfeifend das eine Stockwerk höher gegangen, in dem er wohnte.

Am nächsten Tag sagte seine Mutter zu ihm: "Das war aber sehr freundlich von dir, daß du der Frau Krämer geholfen hast, sie hat es mir erzählt, sie ist schon alt, so alt werden wir alle nicht." Sie lachte etwas verlegen, redete weiter, alte Leute können nicht mehr so und alten Leuten muß man,[8] und wenn du wieder einmal die Gelegenheit hast, das hast du wirklich gut gemacht, mein Junge. Sie strich ihm über den Kopf. Ein paar Tage später traf er die Frau wieder auf der Treppe.

"Warte mal", rief sie ihn, als er an ihr vorbeiwollte,[9] hielt ihn sogar mit ihren dünnen sehnigen Händen, vor denen er sich sofort ein wenig ekelte, an der Jacke fest. "Komm doch einen Augenblick mit herein."

Nur widerstrebend folgte er in ihre Küche. Er sah sofort die Flaschen. Für anderes hatte er keinen Blick.[10] Und die Frau wies direkt in die Ecke, wo sie schön aufgereiht standen.

"Die kannst du verkaufen,[11] so was kannst du immer von mir haben." Der Junge rannte nach Hause, versuchte, die Flaschen in den Beutel, den er geholt hatte, zu zwängen, es paßten nicht alle hinein, und er mußte noch einmal laufen.[12] Innerlich jubelte er, alles Zwanziger,[13] da würde Geld zusammenkommen.[14] Während er die Beutel füllte, versuchte er zu rechnen, aber die alte Frau redete dazwischen,[15] noch immer dankte sie und vielleicht könne er ihr jede Woche ein Brot mitbringen, beim Bäcker sei es immer so voll,[16] sie könne nicht lange stehen. Er versprach es.

Von nun an klingelte der Junge einmal in der Woche bei Frau Krämer, kaufte Brot, manchmal auch etwas Milch oder Butter ein. Hin und wieder setzte er sich auf ihre Bitte[17] noch ein bißchen zu ihr und hörte zu, was die alte Frau erzählte.

---

[7] **selbst** *here* even

[8] **alte Leute können nicht mehr so und alten Leuten muß man** old people can't [do things] any more and you have to [help] old people

[9] **als er an ihr vorbeiwollte** as he tried to pass her (*on the stairs*)

[10] **für anderes hatte er keinen Blick** he had no eyes for anything else

[11] **verkaufen** *here* redeem for the bottle deposit

[12] **laufen** *i.e., back to his own apartment, for another bag to hold them*

[13] **alles Zwanziger** all twenty-pfennig ones

[14] **da würde Geld zusammenkommen** the money would add up

[15] **dazwischen** *here* the whole time

[16] **voll** *here* crowded

[17] **auf ihre Bitte** at her request

Es interessierte ihn nicht sonderlich, aber wenn es ihr Spaß macht, dachte er. Und er bekam ja auch immer seine vier leeren Flaschen. Die Schachtel, in der er sein Geld aufbewahrte, füllte sich, nun würde auch er öfter die guten Kaugummis kaufen können, wie die anderen aus seiner Klasse. Als seine Mutter einmal sein Geld sah und ihn fragte, woher er plötzlich soviel habe, sagte er stolz: "Ich bringe für Frau Krämer Altstoffe weg."

"Altstoffe—das ist sehr gut, sehr gut, mein Junge. –Was bringst du denn so weg?"

"Alles Zwanzigerflaschen, Schnapsflaschen inländischer Produktion,"[18] erklärte er.

"Soso, Schnapsflaschen—" Seine Mutter runzelte nachdenklich die Stirn.

Nicht lange danach, der Junge wollte wieder bei der alten Frau klingeln, hielt ihn seine Mutter auf.

"Du kannst nicht mehr hingehen", sagte sie.

"Aber ich muß ihr helfen", widersprach der Junge heftig.

"Du kannst da nicht mehr hingehen", wiederholte die Mutter, "die Krämern[19] säuft, das verstehst du noch nicht, es ist aber etwas sehr Furchtbares, und ich will, daß…"

"Aber ich muß ihr doch helfen", beharrte der Junge.

"Ich habe mit deinem Vater gesprochen, am besten, du gehst immer schnell an ihr vorbei, solche asozialen Leute sind unberechenbar.[20] Außerdem, wenn die[21] Schnaps kaufen kann, kann sie sich auch beim Bäcker anstellen."

"Und mein Geld?" fragte der Junge zornig. "Ich habe jede Woche eine Mark verdient."

Die Mutter gab dem Jungen zwei Mark aus ihrem Portemonnaie. "Das bekommst du jetzt jede Woche, zusätzlich zum Taschengeld."[22]

Der Junge steckte freudig das Geld ein, aber ein Zweifel blieb. Asozial, dachte er dann, was ist überhaupt asozial? Er fragte die Mutter.

"Hm", meinte die, "asozial ist—asozial ist eben wie die Krämern, sein Geld versaufen und sich um nichts kümmern und…" Sie überlegte einen Augenblick. "Und deshalb gehören solche Leute nicht mehr dazu, nicht mehr zur Gesellschaft, man muß sie meiden." Damit ging sie wieder ihrer Arbeit nach.[23]

---

[18] **Schnapsflaschen inländischer Produktion** domestic (*i.e., not imported*) liquor bottles
[19] **die Krämern** the Kramer woman (*using old feminine ending, here somewhat sarcastically*)
[20] **solche asozialen Leute sind unberechenbar** antisocial people like that are unpredictable
[21] **die** *here* she
[22] **zusätzlich zum Taschengeld** in addition to your allowance
[23] **wieder ihrer Arbeit nach** back to her work again

Der Zweifel blieb, und das unbekannte Wort hakte sich in dem Jungen fest. Immer wenn er nun die alte Frau sah, ging er ihr zwar aus dem Wege, aber er suchte trotzdem zu ergründen, warum sie nun nicht mehr dazu gehören sollte.[24] Sie hatte doch in der Küche immer ganz normal gesprochen, wie andere auch. Er beobachtete sie. Vielleicht bekam er so etwas heraus.[25] Aber ihrem Gesicht war nichts Besonderes anzusehen, grau und schlaff und gefaltet, alt sah es aus wie das vieler alter Leute.[26] Ihm wurde klar, nur mit Beobachten kam er nicht hinter das Geheimnis, das die Mutter mit diesem Wort um die Frau aufgebaut hatte.

Eines Tages schlich er deshalb, wie ein Dieb nach allen Seiten sichernd,[27] zu ihrer Wohnungstür. Sein Herz schlug ihm im Halse. Er hatte Angst. Wenn sie ihm nun etwas antäte?! Schließlich war sie asozial, was immer das auch bedeutete. Aber gerade deshalb[28] mußte er unbedingt mir ihr reden. Diesmal würde er genau zuhören. Denn sie mußte es ja am besten wissen, wenn es stimmte, was die Mutter sagte.

Er klingelte.

Nach dem Lesen

Now that you've read the story, go back and double check your answers to the questions at the beginning of the text. Then read through the text again, checking the glossary as needed, and answer the following.

1. Put the sentences into correct order so that they form a summary of the story:

   a. Die Mutter sagte dem Jungen, dass er nicht mehr zu Frau Krämer gehen durfte, weil sie 'asozial' sei.

   b. Der Junge sagte seiner Mutter, dass er für Frau Krämer Altstoffe wegbrachte.

   c. Der Junge freute sich, weil er viel Geld an den Flaschen verdiente.

   d. Es gefiel der Mutter, dass ihr Sohn der alten Frau geholfen hatte.

   e. Der Junge versuchte zu verstehen, warum die alte Frau nicht mehr "dazu gehört".

---

[24] **nicht mehr dazu gehören sollte** wasn't supposed to belong anymore

[25] **vielleicht bekam er so etwas heraus** maybe he'd be able to figure it out that way

[26] **wie das vieler alter Leute** like that of many old people

[27] **nach allen Seiten sichernd** checking on all sides

[28] **gerade deshalb** just for that reason

f.   Der Junge sah, dass die alte Frau eine schwere Tasche hatte, und half ihr, sie in den zweiten Stock zu tragen.

g.   Er entschied sich, direkt mir ihr zu sprechen.

h.   Der Junge mied die alte Frau.

i.   Die alte Frau bat den Jungen, ihre leeren Flaschen wegzubringen und ihr einmal in der Woche ein Brot vom Bäcker mitzubringen.

2.   Warum verbot die Mutter dem Jungen, Frau Krämer zu helfen?

3.   Liegen die Sympathien des Erzählers im zweiten Teil der Erzählung mit der Mutter oder mit dem Jungen? Welche Details zeigen das?

4.   Wer ist 'am Rande', und wovon am Rande?

Zur Diskussion oder zum Schreiben auf Deutsch

1.   Welche zwei ethischen Prinzipien oder Werte sind in der Erzählung miteinander in Konflikt?

2.   Wie könnte dieser Konflikt vom Jungen gelöst werden?

3.   Beschreiben Sie die Szene zwischen dem Jungen und Frau Krämer, wie sie gleich nach dem Ende der Erzählung aussehen würde! Was würde er sagen, wenn Frau Krämer zur Tür käme, und was würde sie sagen?

Aufsatzthema

Wie würden die Werte und der Konflikt dieser Erzählung in einem amerikanischen Kontext aussehen? Welche Details würden anders sein, wenn die Erzählung in den U.S.A. spielen würde?

Das Testament[1]

Gertrud Fussenegger

About the author

Gertrud Fussenegger was born in 1912 in Pilsen, now Plzeň in the Czech Republic, and spent her childhood in Austria, where she continues to reside. This extraordinary writer, born in 1912, began her writing career in 1937 with *Geschlecht im Advent*, a historical novel about ninth century Germany. Since then she has produced a steady stream of historical and detective novels, short stories, and plays. Her "Böhmische Trilogie," consisting of three novels written in 1948, 1951, and 1957, was continued with the 2001 publication of *Bourdanins Kinder*. She has won numerous prizes for her writing, including the 1981 Austrian Ehrenzeichen für Wissenschaft und Kunst. This story is taken from an anthology of Fussennegger's short stories, published in 1996.

About the story

A woman, her son and her daughter-in-law manipulate their way into inheriting a relative's fortune. Or so they think: at the last minute things change in a surprising way, and greed gets its comeuppance. The action

---

[1] from Gertrud Fussenegger, *Ein Spiel ums andere*, Stuttgart: Quell Verlag, 1996. Reprinted by kind permission of the author.

seems to take place at the border between order and disorder, law and chaos, which is how the author describes the common theme of her writing. This Austrian story takes place in Paris, but the behavior of the characters is all too possible anywhere. We have divided this story into two parts.

Vor dem Lesen: Teil I

Browse Part I of the story quickly, taking no more than one minute per page. Then make notes of what you know about who, what, when, where of Part I:

Wer:

Was:

Wann:

Wo:

Die Erzählung

Now read Part I in detail, using the footnotes but trying not to look up words in the glossary.

Das Testament

Teil I

Madame Griffon erwachte so jäh, als hätte ihr jemand einen nassen Lappen ins Gesicht geklatscht,[2] und in derselben Sekunde war ES auch wieder da, es riß sie förmlich aus ihrem Bett: HEUTE! Heute oder nie. Heute war der Tag, auf den es ankam: nur heute war es noch möglich (*wenn* es noch möglich war). Morgen würde es schon zu spät und alles versäumt und verloren sein. Madame Griffon war schon zum Telephon geeilt. Sie riß die Muschel ans Ohr und ließ mit fliegenden Fingern die Wählscheibe kreisen.[3] Atemlos stierte sie auf die Wand, während der

---

[2] **so jäh, als hätte ihr jemand einen nassen Lappen ins Gesicht geklatscht** as suddenly as if someone had slapped her in the face with a wet rag

[3] **ließ mit fliegenden Fingern die Wählscheibe kreisen** dialed the telephone with flying fingers

rhythmische Summton kam, wiederkam, wiederkam. Endlich eine Stimme: "Hier Hospital Saint Guillaume, Abteilung 14. Bitte — ?"

Madame Griffon mußte erst schlucken, bis sie ihren Namen hervorbrachte; dann flötete sie einschmeichelnd: "Sind Sie es, Schwester[4] Monique?" –"Ja."

"Wie geht es Madame Colombe?"

"Madame Co-lumbe-?" Der gedehnte Tonfall[5] ließ Madame Griffon zusammenschaudern.

"Ja, von Nummer sieben. Wie geht es ihr?"

Wieder ein Zögern. "Ich weiß es nicht. Ich muß erst fragen."

Madame Griffon, beinahe röchelnd: "Ja, bitte, bitte, fragen Sie!"

In ihrem Kopf dröhnte die Furcht: War es etwa schon vorbei? Atemlos lauschte sie in die Muschel. Im Hintergrund des Tonraums[6] klapperten Schritte, rasselte Besteck, wechselten Worte hin und her. Endlich war Schwester Monique wieder am Draht. "Es geht nicht schlechter als gestern."

"Sie lebt also noch?"

"Aber gewiß."

"Ah!!!" Madame Griffon wankte vor Erleichterung. Ihr "Merci"[7] sprach sie nicht mehr in den Apparat, sie war schon zur Tür gerannt, hatte sie aufgerissen und stürzte durch den Flur. "Lucien, Violette, Violette, Lucien, wir fahren, wir fahren."

Zehn Minuten später war Madame Griffon schon fertig: angezogen, frisiert, in Mantel und Hut. Das Frühstück war auch schon gemacht, sie aßen stehend in der Küche, obgleich im Eßzimmer bereits gedeckt war (die Hausdame deckte immer schon am Abend). Aber sie nahmen sich nicht mehr die Zeit, hineinzugehen und sich niederzusetzten, sie schluckten und schlangen zwischen Herd, Spülbecken und Frigidaire; Lucien zog sich dabei die Hose an, und Violette zwängte ihre dicken Beine in hohe Lackstiefel; sie sprachen wenig miteinander, nur kurze, abgerissene Sätze—was wäre auch noch zu besprechen gewesen über den Zweck ihrer Fahrt? Es war alles ab- und durchgesprochen, durchgehechelt[8] in endlosen Sitzungen, gestern, vorgestern, ja, schon seit Wochen, im Grunde[9] schon seit Jahr und Tag, seit die wohlhabende Cousine, Madame Colombe, verwitwet, seit ihre einzige Tochter verstorben war und — in einer Art euphorischen Hoffnungstaumels[10]—seit es ruchbar geworden war,[11] daß Madame Colombes letzte Operation (ihre vierte)

---

[4] **Schwester** *here* Nurse
[5] **gedehnte Tonfall** the drawled accent
[6] **im Hintergrund des Tonraums** in the background on the line
[7] **Merci** (*French*) thank you
[8] **ab- und durchgesprochen, durchgehechelt** settled and discussed, gossiped about
[9] **im Grunde** in principle
[10] **in einer Art euphorischen Hoffnungstaumels** in a kind of euphoric ecstasy of hope
[11] **ruchbar geworden war** had become known

einen sehr üblen Befund ergeben hatte.[12] Jetzt aber waren die Griffons von Wut und Verzweiflung erfüllt, denn sie waren benachrichtigt worden, daß die Feindin im Anmarsch war, nämlich Madame Colombes einzige Schwester aus Südamerika, die einzige, die als konkurrierende Erbin ernsthaft in Frage kam.[13] Ihre Ankunft war für heute oder morgen angesagt.

Seit Jahren lebte diese Schwester in Paraguay, irgendwo im Urwald bei ihrem Sohn, der sich dort als Arzt für die Wilden betätigte und sich dabei auch schon etliche Tropenkrankheiten eingehandelt hatte.[14] Aber er blieb bei seinem Tick und spielte weiter den Menschenfreund[15] — und sollte sich sogar mit irgendeiner braunschwarzen Zottelhexe[16] verheiratet haben. Madame Colombe war dieser Schwester immer sehr zugetan gewesen, und es konnte gar kein Zweifel daran bestehen, daß sie ihr den Großteil ihres Vermögens zugedacht hatte.

Überdies war Madame Colombe schon immer gern und ausgiebig als Wohltäterin aufgetreten. Sie liebte es ja, ihr Vermögen dahin und dorthin zu verteilen; so sollte sie einer alten Hausangestellten ein Legat versprochen haben, auch einer armen Nichte, dazu einer nahen Abtei, bei deren Patres[17] sie großes Ansehen genossen hatte.

Das alles war der Familie Griffon schon lange ein Dorn im Auge.[18] Sie verlachten Madame Colombe, wenn diese Sonntag für Sonntag zur Kirche fuhr und wenn sie zu Weihnachten, Ostern und Nikolaus Waisenhäuser und Kinderdörfer besuchte, natürlich mit Geschenken beladen. Die Familie Griffon hatte nichts übrig[19] für solche Sentimentalitäten. Darum hatten sie Madame Colombe einmal sogar mit einem Prozeß gedroht, weil sie mit ihrem Wohltätigkeitsgebaren die gemeinsame Firma belastet habe.

Nun aber ging es ums Ganze,[20] und die Griffons gerieten ins Bibbern,[21] wenn sie sich vorstellten, daß der ganze schöne Segen verzettelt, ins Ausland

---

[12] **einen sehr üblen Befund ergeben hatte** had produced a very negative finding

[13] **als konkurrierende Erbin ernsthaft in Frage kam** had to be seriously considered as a competing beneficiary (*of the will*)

[14] **und sich dabei auch schon etliche Tropenkrankheiten eingehandelt hatte** and as such had also traded in (*ironic*) several tropical diseases

[15] **blieb bei seinem Tick und spielte weiter den Menschenfreund** stayed with his obsession and continued to play the role of friend to humanity

[16] **braunschwarzen Zottelhexe** brownish-black-mopped witch

[17] **einer nahen Abtei, bei deren Patres** a nearby abbey, with whose priests

[18] **ein Dorn im Auge** a thorn in the side (*i.e., an irritation*)

[19] **hatte nichts übrig** had no time (*i.e., no interest*)

[20] **ging es ums Ganze** the whole thing was at stake

[21] **gerieten ins Bibbern** took to shuddering

verschleppt und dort womöglich unter irgendwelchen Kanaken verschleudert werden würde.[22]

Darum galt es zu handeln, augenblicklich.[23]

Sie hatten lange überlegt und alle Möglichkeiten vorbedacht, alle zu erwartenden Umstände[24] erwogen, auch alle Nachrichten eingeholt, die nur irgend zu erhalten waren,[25] vor allem die, die den Verlauf von Madame Colombes Krankheit betrafen. Sie hatten sie besucht und in Augenschein genommen,[26] wie es um sie bestellt war, und hatten bei den behandelnden Ärzten auf den Busch geklopft.[27]

Nun, nach der vierten Operation, hielten sie den Zeitpunkt für gekommen. Die Kranke war genug zermürbt von Schmerzen, Schwäche und den Folgen der Narkosen—und dennoch nicht schon gänzlich abgesackt und unansprechbar; sie befand sich also in einem Zustand zwischen Apathie und Agonie, widerstandslos, trotzdem mit einem Rest von Bewußtsein. So konnte es möglich werden, zu gewinnen und die Unterschrift zu erreichen, die alles umstürzen würde, die Unterzeichnung eines neuen, von ihnen, den Griffons, formulierten Testaments.

Dieses Papier lag seit langem bereit, sie hatten es mit einem befreundeten Anwalt aufgesetzt und genauestens ausgetüftelt,[28] Wort für Wort, Satz für Satz, und in endlosen Beratungen hin- und hergewendet, damit nur ja nichts fehlte, damit keine Lücke blieb, keine Schwachstelle, in die sich dann, wie zu erwarten, Widerspruch und Anfechtungen einbohren könnten.

Nach dem Lesen: Teil I

Now that you have read Part I, re-read it, looking up words as necessary, to answer the following questions:

1. Wieso dachte Madame Griffon, dass gerade heute der Tag war, an dem sie und ihre Familie handeln mussten?
2. Wer war "die Feindin"? Warum wurde sie von Madame Griffon für eine Feindin gehalten?

---

[22] **daß der ganze schöne Segen verzettelt, ins Ausland verschleppt und dort womöglich unter irgendwelchen Kanaken verschleudert werden würde** that the whole blessed thing would be frittered away, dragged out of the country and dissipated among some sort of heathen

[23] **galt es zu handeln, augenblicklich** it was necessary to act, and fast

[24] **alle zu erwartenden Umstände** every likely circumstance

[25] **die nur irgend zu erhalten waren** that were ever to be gotten hold of

[26] **in Augenschein genommen** inspected personally

[27] **bei den behandelnden Ärzten auf den Busch geklopft** sounded out the doctors on the case

[28] **genauestens ausgetüftelt** minutely puzzled out

3. Was für ein Leben hatte Frau Colombe geführt? Warum hatte Madame Griffon ihr mit einem Prozess gedroht?
4. In welchem Zustand war Madame Colombe jetzt?

Vor dem Lesen: Teil II

Read the questions below, then browse Part II of the story, below, quickly to answer the following questions.

Stimmt das, oder stimmt das nicht?

_____1. Während Madame Colombe im Hospital war, hatten die Griffons ihre Wohnung oft besucht.

_____2. Die Griffons wollten, dass Madame Colombe ihr Vermögen ihrer Schwester hinterlassen sollte.

_____3. Violette war der beste Autofahrer in der Familie.

_____4. Die Griffons und ihr Rechtsanwalt hatten Madame Colombes Unterschrift auf dem Testament bekommen.

_____5. Madame Colombes Schwester kam zum Krankenhaus.

Teil II

Schon seit längerer Zeit und mit wachsender Intensität hatten die Griffons begonnen, alles, was Madame Colombe gehörte, als ihr künftiges Eigentum zu betrachten, abzuschätzen und sich seine Nutzung vorzustellen.[29] Seit die Verwandte im Krankenhaus lag, hatten sie sich sogar unter allerlei Vorwänden Zutritt zu ihrer Wohnung verschafft. Dort waren sie umhergegangen und hatten Bilder, Teppiche und Möbel so ungeniert untersucht, wie sie es schon längst tun zu können gewünscht hatten. Sie hatten über den Wert des offen daliegenden Schmuckes spekuliert.

Doch von alledem, was sie bereits als ihr Eigentum betrachteten, von Madame Colombes Häusern, Wertanlagen, Konten und ihren Anteilen an der gemeinsamen Fabrik, trennte sie in Wirklichkeit noch immer ein Stück Papier, genauer gesagt, nur eine Unterschrift, ein Tintenkrakel, zwanzig Buchstaben umfassend, eine Bagatelle — oder nicht?

---

[29] **alles, was Madame Colombe gehörte, als ihr künftiges Eigentum zu betrachten, abzuschätzen und sich seine Nutzung vorzustellen** to consider everything that belonged to Madame Colombe their future possession, to appraise it and to imagine its usefulness to themselves

Madame Griffon hatte das auf Bütten geschriebene, in Bütten kuvertierte Schriftstück[30] in ihrer großen schwarzen Krokotasche verwahrt und das schwere Messingschloß darüber zuschnappen lassen. In höchster Eile bestiegen sie den Wagen. Madame Griffon warf einen besorgten Blick auf das Gesicht ihres Sohnes, er war käseweiß: Konnte er fahren? Der arme Junge, er hatte wohl Angst von der eigenen Courage. Aber die Schwiegertochter Violette war auch keine bessere Fahrerin, erst neulich hatte sie dem teuren Zweitwagen den Garaus gemacht,[31] überdies war sie schwanger; es war besser, wenn sie hinten saß.

Madame Griffon setzte sich neben ihren Sohn. "Fahr schnell, mein Lieber, aber nicht zu schnell!" So — an ihrer Seite — glaubte sie ihn gestärkt,[32] von der Glocke mütterlicher Autorität umschlossen, angestrahlt von ihrer eigenen wilden Entschlossenheit und damit zielgerichtet auf das, was sie wollte. Sie wollte es nur für ihn.

Sie preschten los, zuerst das schluchtartige Waldtal entlang, in dem die Fabrik lag, ihr Wohnhaus und auch die Villa, die Madame Colombe gehörte. Dann bog die Straße nach links und mündete in die Autobahn, die den Fluß abwärts führte, immer abwärts bis in die Vororte von Paris.

Irgendwo hielten sie, ein Mann stieg zu, er hatte, wie verabredet, an der Straße auf sie gewartet: Luciens Freund, der Rechtsanwalt. Er sollte den ordnungsgemäßen Verlauf verbürgen, daß nichts fehlte, keine Klausel, kein Komma, es mußte alles hieb- und stichfest[33] sein, es mußte klappen.

Es brauchte nicht mehr viel geredet werden auf dieser Fahrt, die Rollen waren verteilt, nur Violette begann immer von neuem zu schnattern: "Was ist, wenn sie nun doch nicht will? Was ist, wenn die Schwester schon da ist? Was ist, was ist…?", bis Madame Griffon sie anfuhr: "Wenn du nur endlich den Schnabel hieltest, blöde Pute!"[34]

Endlich waren sie da. Sie fuhren in das Gelände des Hospitals hinein, ein ausgedehntes, mit Parkanlagen bestelltes Grundstück, und dort — auf der höchsten Hügelkuppe[35] — stieg das turmartig hohe Gebäude auf, die chirurgische Abteilung, in der Madame Colombe ihrem Ende entgegenlitt.[36]

Sie parkten den Wagen und fuhren mit dem Aufzug in das neunte Stockwerk, in zwei Partien, weil sie die Kabine[37] mit anderen teilen mußten, und vor dem

---

[30] **das auf Bütten geschriebene, in Bütten kuvertierte Schriftstück** the document that was written in parchment, enveloped in parchment

[31] **dem teuren Zweitwagen den Garaus gemacht** totaled the expensive second car

[32] **glaubte sie ihn gestärkt** she believed him strengthened

[33] **hieb- und stichfest** watertight

[34] **den Schnabel hieltest, blöde Pute** shut your mouth, silly goose

[35] **Hügelkuppe** hilltop

[36] **ihrem Ende entgegenlitt** suffered toward her end

[37] **Kabine** elevator

Krankenzimmer versammelten sie sich noch einmal. Lucien und Violette sollten als erste eintreten, sie waren jung, sie wirkten unverfänglicher, sie hatten Madame Colombe auch sonst dann und wann besucht. Madame Griffon sollte noch eine Weile warten, als letzter würde dann der Rechtsanwalt eintreten, erst zur Unterschrift, wenn fast alles schon gelaufen war.[38]

Lucien und Violette verschwanden hinter der weißlackierten Tür. Madame Griffon begann den Korridor auf und ab zu wandern. Sie zitterte. Mit fiebernden Händen zerknüllte sie ihr Taschentuch. Dann begann sie, es zu zerreißen. Als ihr der junge Rechtsanwalt — dümmlich lächelnd — eine Zigarette anbot, war sie nahe daran, ihm die Packung ins Gesicht zu werfen.

Eine Stunde später war es geschafft.

Die weißlackierte Tür fiel hinter ihnen ins Schloß. Lucien wischte sich den Schweiß ab. Der junge Rechtsanwalt war übel gelaunt. Violette kicherte hysterisch vor sich hin. Madame Griffon hatte das Gefühl, vollkommen erschöpft und in Stücke geschlagen zu sein. Sie hätte sich gern an den Arm ihres Sohnes gehängt, aber der lief zehn Schritte vor ihr her und sah sich nicht um. Den Arm des Anwalts zu nehmen, widerstand ihr.[39] So preßte sie nur die Krokotasche an sich, die große schwarze, in der das Papier steckte mit der millionenschweren Unterschrift.[40] Sie preßte die Tasche an ihre Brust und die Messingschließe an ihre Lippen, und einige Sekunden lang hatte sie das Gefühl, ein lebendiges Wesen an sich zu pressen, das einzige lebendige Wesen, das noch zu ihr gehörte. Sie verließen das Gebäude und gingen auf ihr Auto zu.

Da geschah es: Violette und der Rechtsanwalt hatten schon Platz genommen, und Lucien und seine Mutter waren eben dabei, da tauchte unten auf dem weiten kiesbestreuten Rondell[41] eine einsame khakifarbene Gestalt auf, eine alte untersetzte Frau in einem langen, weiten, höchst unkleidsamen Mantel, in breiten absatzlosen Schuhen, ein kleines Köfferchen in der Hand.

Sie kam mit eiligen, wenn auch leicht schlürfenden Schritten herauf, das graue Haar hing ihr unter dem zerknitterten Leinenhut strähnig ins Gesicht. "Mama!" rief Lucien. "Sieh hin! Mama, ist das nicht — ?"

Aber Madame Griffon hatte die Frau schon gesehen. Auch Violette war aufmerksam geworden, schließlich sogar der junge Anwalt. Alle vier verfolgten die Figur, wie sie den Platz überquerte und das Tor des Gebäudes erreichte, wie sie sich durch die Schwingtür schob, verschwand und dann, vor der Portiersloge,[42] noch einmal auftauchte.

---

[38] **wenn fast alles schon gelaufen war** when almost everything was taken care of

[39] **widerstand ihr** was repugnant to her

[40] **millionenschweren Unterschrift** signature worth millions

[41] **kiesbestreuten Rondell** gravel-strewn round drive

[42] **Portiersloge** information booth

Die vier im Auto rührten sich nicht. Sie warteten. Die Auskunft an der Portiersloge schien kurz und bündig[43] zu sein, denn die Frau bückte sich, nahm ihr Köfferchen auf und lief auf den Lift zu. Der Liftschacht aus grauem Glas war der Fassade vorgebaut,[44] in ihm bewegte sich die Kabine als dunkler Schatten. Nun war sie unten, die Frau konnte einsteigen, und gleich darauf ging die Kabine hoch — bis in das neunte Stockwerk.

"War sie das?" rief Violette. "War sie das wirklich?" — "Wer sonst?" schrie Lucien und lachte, auch seine Mutter lachte, selbst der Anwalt stieß einen kurzen meckernden Laut aus. Lucien gab Gas und riß den Wagen in die Kurve, die Räder quietschten, der Kies spritzte auf.

Da bog der große grüne städtische Sprengwagen[45] aus der Allee.

Gerade, als die alte Frau oben aus dem Aufzug trat, erscholl der schwere, metallisch klirrende Schlag. Die Leute im Korridor stürzten an die Fenster, sie schrien und gestikulierten. Obwohl die alte Frau, halb betäubt von Müdigkeit, Angst und Kummer, nichts mehr anderes denken konnte, als nur möglichst rasch zu ihrer sterbenden Schwester zu gelangen, ließ sie sich doch soweit ablenken, daß sie für einige Sekunden an das nächste Fenster trat, um gleichfalls hinunterzuschauen.

Was sie erblickte, war beinahe komisch anzusehen: Der große Sprengwagen hockte mitten in dem Rondell quer zur Allee-Einfahrt wie ein riesiger grüner Käfer, in dessen Rüssel sich ein kleinerer schwarzer Käfer gebohrt hatte. Der kleinere war aufgeplatzt, seine Türen standen weg wie zerfetzte Stummelflügel, und rechts und links hingen Beinchen heraus, bewegungslos. Eins davon war in eine graue Anzughose gekleidet, auf der andern Seite sah man ein bis an die Leiste entblößtes pralles Frauenbein,[46] das in einem modischen Lackstiefel steckte.

Die alte Frau am Korridorfenster murmelte etwas und wandte sich kopfschüttelnd ab. Sie sah nicht, was weiter geschah, wie die ersten Helfer[47] herbeirannten, wie der Sprengwagenfahrer taumelnd und blutverschmiert aus seiner Kabine kroch; noch weniger sah sie, daß weit weg, am Alleerand eine Damenhandtasche lag, aus Krokoleder mit Messingschloß. Sie war aufgesprungen, und ihr Inhalt lag weit verstreut.

Irgend jemand klaubte später zusammen,[48] was da lag, und übergab es mitsamt der Tasche der Polizei. Aber er übersah dabei[49] den unter einen Busch

---

[43] **kurz und bündig** succinct
[44] **der Liftschacht aus grauem Glas war der Fassade vorgebaut** the grey glass elevator shaft was built into the building façade
[45] **städtische Sprengwagen** city street-sprinkling truck
[46] **ein bis an die Leiste entblößtes pralles Frauenbein** a plump women's leg, bared to the groin
[47] **die ersten Helfer** the first-aid crew
[48] **klaubte später zusammen** scraped together
[49] **er übersah dabei** in so doing he overlooked

geratenen, großen, verschlossenen Büttenumschlag mit der Aufschrift: MEIN
TESTAMENT.

Nach dem Lesen

Now that you've read Part II, go back and double check your answers to the
questions in Vor dem Lesen, Part II. Then re-read the entire story, looking
up words in the glossary as needed, and complete the following:

1. Identifizieren Sie diese Leute: Lucien, Violette, Madame Griffon,
   Madame Colombe.

2. Madame Griffon ist intolerant gegenüber (*nennen Sie drei Gruppen,
   und geben Sie Zitate aus der Geschichte, die ihre Intoleranz
   zeigen*):

3. Wir wissen, dass Madame Colombe bald sterben wird, weil....

4. Der Rechtsanwalt ist... (*Geben Sie drei Adjektive, und erklären Sie,
   warum*)

Zur Diskussion oder zum Schreiben auf Deutsch

1. Beschreiben Sie Violette und Lucien (je 3 Sätze)!

2. Wie ist der Unfall geschehen (3 Sätze)?

3. Was wird wohl nach dem Autounfall geschehen (5 Sätze)?

4. Was oder wer repräsentiert Ordnung, was Unordnung, in der
   Erzählung?

5. Ist die Familie Griffon arm oder wohlhabend? Welche Details zeigen
   das?

6. Was ist die Moral von dieser Geschichte (ein guter Satz)?

Aufsatzthema

Vergleichen Sie die Lebensführung von Madame Columbe und ihrer Schwester
mit dem Leben von der Familie Griffon. Was ist wichtig für jede Familie? Was
motiviert ihre Handlungen?

Gutes Karma aus Zschopau[1]

Doris Dörrie

About the author

Doris Dörrie, born in Hanover, Germany, in 1955, studied at the University of the Pacific in Stockton, California and at the New School for Social Research in New York from 1973-75, returning then to Germany. Currently most Germans know her as a film director who has won acclaim (and many film prizes) with her comedies and tragicomedies (for example, "Paradies," "Männer", "Geld"). However, she is also a successful author of short stories and a novel, writing often on the theme of relationships between men and women (*Was wollen Sie von mir? und 15 andere Geschichten*, 1989; *Für immer und ewig. Eine Art Reigen*, 1991; *Samsara. Erzählungen*, 1996) . This story is from an anthology of her work published in 1994.

About the story

Two women, a Munich mother and her daughter's nanny, play out here the post Cold-War East-West tensions that developed after the fall of the wall in Germany in 1989. The Western German Charlotte sees the Eastern German Anita as a pre-capitalist, rural innocent. Anita, however, doesn't

---

[1] from Doris Dörrie, *Bin ich nicht schön?*, Copyright © 1994 Diogenes Verlag AG Zürich. Reprinted by kind permission of the publisher.

quite fit this stereotype but is rather a person of some experience whose personal history is more like that of her employer than either one of the women anticipates at first meeting. Mediating is Lena, a toddler too young to know about loaded expectations and stereotypes, who simply accepts both women as they are. We have divided the story into three parts.

Vor dem Lesen: Part I

Read through the questions below, then browse Part I of the story, taking no more than one minute per page, and answer these questions.

1. Wie alt war Lena?

2. Wer kam aus Turin, Italien?

3. Wer kam aus Warschau, Polen?

4. Wer kam aus Zschopau?

5. Wo spielt die Geschichte?

6. Wo war Charlottes Mann?

7. Wie hieß er?

Die Erzählung

Now read Part I in detail. Read the footnotes, but try not to look up words in the glossary.

Gutes Karma² aus Zschopau³
Teil I

Lena, Charlottes zweijährige Tochter, kroch Eugenia aus Turin sofort auf den Schoß.⁴ Vielleicht lag das mehr an⁵ Eugenias mit Glitzersteinchen besetztem Pullover⁶ als an Eugenia selbst, einer müden, mausgrauen, etwa fünfzigjährigen Frau. Sie sah sich blitzschnell in Charlottes Küche aus Nirostastahl⁷ um und

---

² **Karma** *in Hindu and Buddhist thought, the doctrine of inevitable consequence; fate; destiny*
³ **Zschopau** *a city in eastern Germany*
⁴ **kroch Eugenia aus Turin sofort auf den Schoß** immediately crept onto the lap of Eugenia from Turin (*a city in Italy*)
⁵ **lag das mehr an...als** the cause of that was... rather than
⁶ **mit Glitzersteinchen besetztem Pullover** glitter-trimmed sweater
⁷ **Nirostastahl** (*brand name*) 'never-rust steel', i.e., stainless steel

lächelte matt.

Schöne Küche, murmelte sie, sehr schöne Küche.

Oh, Sie brauchen sie nicht zu putzen, es ist mir wichtig, daß Sie mit dem Kind an die Luft gehen, mit Lena spielen...sagte Charlotte.

Ich mache alles, sagte Eugenia, kochen, putzen, alles. – Bitte. Ich bin geschieden. Ich mache alles. Bitte.

Lena patschte Eugenia mit ihrer kleinen Hand ins Gesicht.

Ich rufe Sie an, sagte Charlotte. Eugenia nickte stumm.

Dorota aus Warschau[8] brachte ihren dreijährigen Sohn mit, der ständig seine Rotznase[9] an ihrem Rock abwischte. Charlotte bot Dorota ein Tempotaschentuch[10] an, das sie achselzuckend entgegennahm und in ihre Handtasche steckte. Dorota hatte lange rote Haare, kräftige, zupackend wirkende Hände und roch nach Schweiß. Lena ging nach wenigen Minuten auf sie zu, nahm sie an der Hand und führte sie aufs Klo, wo sie Dorota vormachte, wie sie ganz allein in ihrem Topf, der wie ein Volkswagen geformt war, pinkeln konnte.[11]

Ihren Kaffee trank Dorota mit fünf Teelöffeln Zucker. Charlotte hatte unwillkürlich mitgezählt. Müssen Sie denn arbeiten? fragte Dorota und befühlte mit einer Hand die Gardinen.

Oh...ich...ich *will* wieder arbeiten, ich unterrichte am Goethe-Institut[12]... stotterte Charlotte. Dorota sah sie ruhig an. Ihr Sohn schniefte.

Anita aus Zschopau war sehr jung, höchstens einundzwanzig, und auf eine sehr altmodische Weise hübsch. Ihre ungeschminkte Haut schimmerte perlmuttweiß, und in ihren dunkelbraunen Haaren trug sie eine brave schwarze Schleife.[13] Lena starrte Anita aus sicherer Entfernung an und machte keinerlei Anstalten, auf sie zuzugehen. Während des Gesprächs sah Anita auf ihre Schuhe. Graue Halbschuhe aus Kunststoff. An den Schuhen erkennt man sie immer noch, dachte Charlotte. Kein Mensch im Westen trägt solche Schuhe. Anitas Schuhe rührten sie.[14]

Wer? fragte Lena streng und deutete mit dem Zeigefinger auf Anita.

Das ist Anita, sagte Charlotte, sie wird vielleicht auf dich aufpassen, wenn ich arbeite.

---

[8] **Warschau** Warsaw (*city in Poland*)

[9] **Rotznase** snotty nose

[10] **Tempotaschentuch** tissue (*Tempo=brand name*)

[11] **wie sie ganz allein in ihrem Topf, der wie ein Volkswagen geformt war, pinkeln konnte** how she could tinkle all by herself in her potty shaped like a Volkswagen

[12] **Goethe-Institut** *government cultural institute, where German language lessons for foreigners are offered*

[13] **eine brave schwarze Schleife** a modest black bow

[14] **Anitas Schuhe rührten sie** she found Anita's shoes touching

Mama arbeitet, Lena weint, sagte Lena und fing an zu weinen.

Deine Mama kommt ja wieder, sagte Anita leise in ihrem weichen Sächsisch[15], das ist nicht weiter schlimm, sie kommt ja wieder.

Charlotte fiel auf, daß sie nie zuvor in ihrem Leben einen jungen Menschen hatte sächsisch sprechen hören. Früher[16] sprachen im Westen nur alte Tanten[17] und aus der DDR ausgereiste Rentner[18] sächsisch.

Sie sei erst seit zwei Wochen in München,[19] erzählte Anita mit leiser Stimme, und wohne bei einer Kusine ihrer Mutter, aber dort könne sie nicht lange bleiben, und wenn sie nicht bald Arbeit fände, müsse sie zurück.

Zum Abschied gab Anita Charlotte eine kleine dünne Hand, und weil sie sich so zerbrechlich anfühlte, küßte Charlotte Anita spontan auf beide Wangen. Ich weiß noch nicht einmal, wo Zschopau liegt, sagte Charlotte, ist das nicht schrecklich? Ich war nie drüben. Das ist für mich immer noch wie ein weißer Fleck auf der Landkarte. Ich kann mir einfach nicht merken, wo die Städte liegen, welche Flüsse dort fließen, wie die Berge heißen. Jedes Land in Südamerika, jeder Staat in den USA ist mir vertrauter als Ostdeutschland…Charlotte kicherte.

Anita sah sie mit sanften Kuhaugen[20] an und wartete. Es entstand eine kleine Pause. Ich rufe dich an, sagte Charlotte.

Vielen Dank, Frau Finck, antwortete Anita förmlich.

Bitte, nenn mich Charlotte, sagte Charlotte und berührte Anita am Arm, ich fühle mich sonst so furchtbar alt.

Anita sah sie ausdruckslos an, wandte sich dann ab und ging. Im Weggehen[21] hob sie die Hand und nahm die Schleife aus ihrem Haar.

Hat sie ein gutes Karma? fragte Robert am Telefon. Es war zehn Uhr in Los Angeles. Ein Mädchen in rosa Uniform hatte ihm das Telefon an den Swimmingpool gebracht.

Weißt du, wo Zschopau liegt? fragte Charlotte.

Klingt nach Zone[22] und verpesteter Luft, sagte Robert.

Du bist furchtbar, sagte Charlotte.

Laß Lena entscheiden, wer sie verderben soll.

---

[15] **Sächsisch** Saxon (*a German dialect or accent characteristic of Saxony in eastern Germany*)

[16] **früher** earlier *(that is, before unification of eastern and western Germany)*

[17] **alte Tanten** old ladies (*lit. 'old aunts'*)

[18] **aus der DDR ausgereiste Rentner** old-age pensioners emigrated from the GDR (*East Germany*)

[19] **München** Munich (*city in southern Germany*)

[20] **mit sanften Kuhaugen** with gentle cow-eyes

[21] **im Weggehen** as she left

[22] **Zone** *from the immediate postwar designation 'Soviet Zone'; a negative term for East Germany often used by West Germans pre-unification, now considered derogatory*

Sie hat die Polin[23] gleich aufs Klo gezerrt und ihr vorgemacht wie sie pinkeln kann.

Wenn das kein Zeichen ist…sagte Robert und lachte.

Dorota hat mich angesehen, als dächte sie, 'diese reiche Kuh'…

Wer ist Dorota?

Die Polin. Du hörst mir nicht zu. Bist du allein?

Ich bin am Pool. Ich sehe den Marlboromann.[24] Die Polizei fährt vorbei, hörst du die Sirene?

Charlotte hörte entfernt den Ton einer Polizeisirene wie aus einem Fernsehfilm. Sie nahm einen weißen Plüschaffen von Lena in die Hand und hielt ihn sich an die Wange. Sie schwiegen. Es zischte in der Leitung.

Ich möchte einen Babysitter, der mich verehrt, nicht stört und immer verfügbar ist, sagte sie.

Dann nimm die Sklavin, diese Eugenia, schlug Robert vor.

Sie würde mir auf die Nerven gehen.

Sie ist Italienerin, sie liebt Kinder.

Du nimmst die ganze Angelegenheit nicht ernst, sagte Charlotte. Wann kommst du wieder? Ihr Mann fehlte ihr nicht.[25] Im Gegenteil, das Leben kam ihr leichter, unbeschwerter vor ohne ihn.

Ich vermisse dich, sagte sie, und auch das stimmte.

Welche ist die Billigste? fragte er.

Anita, sagte Charlotte, sie hat keine Ahnung.[26]

Dann nimm Anita.

Du bist ein widerlicher Kapitalist.

Ich vermisse dich auch, sagte er.

Charlotte betrachtete ihre Tochter im Schlaf. Mein armes Kind, flüsterte sie, deine egoistische Mutter will wieder arbeiten.

In der Küche schenkte sie sich ein Glas Rotwein ein, setzte sich an den Küchentisch, nahm ihren Ehering ab und umwickelte ihn mit einem Faden. Sie hielt das Pendel[27] über den Tisch und pendelte die Babysitter aus:[28] Eugenie gegen Dorota, da gewann Dorota. Anita schlug Eugenia, Dorota wiederum Anita. Das Pendel hatte sich für Dorota entschieden.

Nein, dachte Charlotte trotzig, ich nehme Anita. Anita aus der Zone. Der ehemaligen DDR. Ostdeutschland. Anita mit den Plastikschuhen. Sie braucht Hilfe.

---

[23] **Polin** Polish woman

[24] **Marlboromann** Marlboro man (*i.e., Robert sees a billboard advertising cigarettes*)

[25] **ihr Mann fehlte ihr nicht** she didn't miss her husband

[26] **sie hat keine Ahnung** she hasn't got a clue (about salaries)

[27] **das Pendel** the pendulum (*made from her wedding ring and thread*)

[28] **pendelte die Babysitter aus** *let the ring 'decide' between them by swaying toward one*

Sie hat nichts. Sie hat sich aufgemacht aus[29] dem grauen, düsteren Zschopau (sahen so nicht alle Städte im Osten aus?) in das glitzernde München, und jetzt liegt es an mir,[30] ob sie Hoffnung schöpfen kann oder enttäuscht sich vielleicht sogar die früheren Verhältnisse zurückwünscht.[31] Charlotte wurde fröhlich. Sie fühlte sich wichtig. Sie legte eine Platte auf [32] und rauchte den Rest eines alten Joints.

Karma, sagte sie laut vor sich hin, gutes Karma aus Zschopau. Sie lachte.

Nach dem Lesen: Teil I

Now that you've read Part I, go back and check your answers to the questions at the head of that part. Then re-read Part I to answer the following:

1.   Beschreiben Sie kurz Eugenia, Dorota und Anita!

2.   Welche von den drei Frauen schien Lena am besten zu gefallen? Warum?

3.   Welchen Eindruck hatte Charlotte von Zschopau?

4.   Was hielt Robert für wichtig bei der Entscheidung über die Babysitter?

5.   Was war wichtig für Charlotte bei dieser Entscheidung?

Vor dem Lesen: Teil II

Read these questions and then browse Part II, below, and answer them.

Stimmt das, oder stimmt das nicht?

_____1. Anita kam am ersten Tag pünktlich.

_____2. Charlotte lehrte Deutsch für Auslander.

_____3. Charlotte gab Anita alte Kleiderstücke.

_____4. Anita glaubte, dass Herr Zhou sie liebte.

_____5. Charlotte hatte eine Affäre mit Mirko.

---

[29] **sie hat sich aufgemacht aus** she got herself out of

[30] **jetzt liegt es an mir** now it's up to me

[31] **die früheren Verhältnisse zurückwünscht** wishes back earlier conditions (*i.e., life under Socialism*)

[32] **legte eine Platte auf** put on a record

Teil II

Anita kam am ersten Tag gleich eine halbe Stunde zu spät. Charlotte war außer sich,[33] bemühte sich jedoch, Lena ihre Nervosität nicht spüren zu lassen. Lena befahl ihr, ein Schwein zu malen. Ich hätte Eugenia nehmen sollen, dachte Charlotte wütend und malte ein Schwein, die wäre jetzt hier. Sozialistischer Schlendrian![34] Zum hundertsten Mal ging sie zum Fenster und sah jetzt Anita mit fliegenden Haaren über die Straße auf das Haus zurennen. Obwohl es ein eisiger Wintertag war, trug Anita nur eine dünne spinatgrüne Strickjacke. Typisch, diese Farbe![35] dachte Charlotte.

Mit rotglühendem Gesicht kam Anita die Treppe hochgehechtet, sie habe die U-Bahn-Station[36] nicht gefunden, keuchte sie, und da sei sie von der Briennerstraße aus gelaufen. So weit? fragte Charlotte ungläubig.

Sind Sir mir böse? flüsterte Anita.

Du sollst mich doch nicht siezen,[37] sagte Charlotte.

Während Charlottes Schüler, Deutschlehrer aus China, ihre Eindrücke von Deutschland beschrieben, überlegte Charlotte, was Anita jetzt wohl gerade mit Lena anstellte. Wußte sie, wie man den Playmobilmännchen die Haare auf- und absetzt,[38] kannte sie Kaspar Mütze, Tiger oder Bär?[39] Sie hätte sie vorspielen lassen sollen,[40] wie vorsingen oder vorsprechen. Woher wollte sie wissen,[41] ob Anita nicht Szenen stalinistischen Terrors mit Lena inszenierte, Jugendweihe oder Militärparade spielte,[42] Lena erzählte, Gott existiere nicht, und ihr Zucker zu essen gab?

Deutschland erinnert mich an ein Theaterstück, das ich in China einmal gesehen habe, sagte ein großer, sehr gut aussehender Chinese, Herr Zhou, ich weiß leider nicht mehr, wie es hieß. Zwei Menschen saßen die ganze Zeit unter einem Baum und machten sich sinnlose, quälende Gedanken…

---

[33] **außer sich** beside herself (*i.e., with anger or worry*)

[34] **sozialistischer Schlendrian** Socialist dawdling

[35] **typisch, diese Farbe** (*i.e., to Charlotte an unfashionable color is typical of eastern Germans*)

[36] **die U-Bahn-Station** the subway (*'Untergrundbahn'*) station

[37] **siezen** say 'Sie'

[38] **wie man den Playmobilmännchen die Haare auf- und absetzt** how to put on and take off the hair on the Playmobile figures

[39] **Kaspar Mütze, Tiger, Bär** Caspar Cap, Tiger, Bear *figures from children's books*

[40] **sie hätte sie vorspielen lassen sollen** she should have had her (*Anita*) rehearse playing

[41] **woher wollte sie wissen** how would she know

[42] **Szenen stalinistischen Terrors mit Lena inszenierte, Jugendweihe oder Militärparade spielte** staged scenes of Stalinist terror with Lena, played Dedication of Socialist Youth or military parade

Warten auf Godot,[43] sagte Charlotte, es ist ein englisches Stück.

Lena sah glücklich aus.

Was habt ihr gemacht zusammen? fragte Charlotte Anita. Anita zuckte die Achseln.

Quats macht,[44] sagte Lena.

Ah, ihr habt Quatsch gemacht, wiederholte Charlotte und nickte Anita lächelnd zu. Sie lächelte nicht zurück, sah auf die Uhr.

Kann ich gehen? fragte sie.

Charlotte nahm einen alten, aber noch sehr schönen Mantel aus dem Schrank. Du bist zu dünn angezogen,[45] sagte sie zu Anita und legte ihr den Mantel in den Arm. Wenn du ihn nicht mehr brauchst, gibst du ihn mir zurück. Es sollte nicht aussehen wie ein Almosen.

Anita schien sich zu freuen. Sie fuhr mit der Hand[46] über den Stoff. Es war ein echter Kaschmirmantel.

Das ist ein Herrenmantel, sagte Anita.

Ich trage fast nur Herrenmode, sagte Charlotte, sie ist meistens schicker.

Anita sah sie nachdenklich an. Na, dann danke, sagte sie, kann ich jetzt gehen?

Tschüß, sagte Lena.

Ich freue mich, daß ihr beide so gut miteinander auskommt. Charlotte legte Anita die Hand auf den Arm.

Kein Problem, erwiderte Anita und blieb so lange bewegungslos stehen, bis Charlotte ihre Hand von ihrem Arm nahm.

Charlotte brachte Anita bei,[47] wie man die Geschirrspülmaschine ein- und ausräumte, den Anrufbeantworter einschaltet, die Zentralheizung regelt, wie man Gemüse vitaminschonend kocht[48] und daß man Naturkosmetik am besten im Kühlschrank aufbewahrte. Sie erklärte ihr die Grundzüge einer angstfreien Erziehung, das Faxgerät und warum Lena nicht fernsehen durfte. Sie war sich nicht sicher, ob Anita begriff, was sie sagte, denn sie sah sie meist nur ausdruckslos an.

In der ersten Woche ließ sie zwei Teller fallen, in der zweiten ging der Fernseher kaputt. Sie habe ihn ganz bestimmt nur während Lenas Mittagsschlaf eingeschaltet, gestand sie mit leiser Stimme, und plötzlich sei er nicht mehr

---

[43] **Warten auf Godot** Waiting for Godot, *a play by Samuel Becket (born 1906)*

[44] **Quats macht** did silly stuff (*baby talk for 'Quatsch gemacht'*)

[45] **zu dünn angezogen** not dressed warmly enough

[46] **fuhr mit der Hand** moved her hand

[47] **brachte Anita bei** taught Anita

[48] **wie man Gemüse vitaminschonend kocht** how to cook vegetables without losing the vitamins

gegangen. Plötzlich, wiederholte Charlotte scharf. Anita hob den Blick und sah sie ruhig an.

Ja, plötzlich, sagte sie und zog ihre billige spinatgrüne Strickjacke glatt.

Charlotte schenkte ihr einen indigoblauen Angorapullover, den sie selbst nicht mehr anzog, weil sie ihre Garderobe auf Brauntöne umgestellt hatte, und als sie feststellte, daß sie dieselbe Schuhgröße hatten, gleich eine ganze Tasche voller Schuhe. Vernünftige feste Schuhe und ein Paar Goldpumps.

Gefällt es dir bei uns? fragte sie Anita.

Ja, sagte Lena. Sie ritt auf Anitas Knien.

Der Himmel hat eine andere Farbe, sagte Anita.

Das ist der bayerische Himmel,[49] sagte Charlotte, und bei uns, gefällt es dir bei uns?

Klo, sagte Lena und nahm Anita bei der Hand.

Charlotte blieb in der Küche zurück. Sie holte sich aus einem Versteck in einer Suppenschüssel ein Stück Schokolade. Sie hörte Lena und Anita im Wohnzimmer miteinander reden. Sie konnte aus der Entfernung nicht unterscheiden, wer wer war.[50] Sie klangen wie Erwachsene. Wie Fremde.

Nachts um vier wachte Lena schluchzend auf und schrie: Nita! Nita![51]

Anita kommt ja gleich, sagte Charlotte, sie stand schwindelig vor Müdigkeit vor Lenas Bett und beugte sich zu ihrer Tochter herab. Du mußt nur noch ein bißchen schlafen, dann kommt sie.

Lena sah sie zweifelnd an. Ihr kleiner Brustkorb hob und senkte sich. Nita, flüsterte Lena und sah an Charlotte vorbei in die Dunkelheit.

Charlotte rief Robert an. Er zog sich gerade um zum Abendessen.

Sie läßt sich auch nur noch von Anita den Po[52] abputzen, sagte Charlotte.

Was willst du? fragte Robert, einen Babysitter, den dein Kind liebt, oder einen Babysitter, den dein Kind haßt?

Sie soll sie nicht mehr lieben als mich, sagte Charlotte und versuchte zu lachen. Mit wem gehst du essen?

Mit vier langweiligen Männern in schwarzen Anzügen.

Aha.

Ich bin schon spät dran, sagte Robert, schlaf schön.

Ja, sagte Charlotte.

Sie lud Herrn Zhou, den schönen Chinesen, zu sich nach Haus zum Kaffee ein.

---

[49] **der bayerische Himmel** Bavarian sky (*Bavaria according to legend has bluer sky than elsewhere*)

[50] **wer wer war** who was who

[51] **Nita** *nickname for Anita*

[52] **Po** behind (*slang*)

Herr Zhou schien sie falsch verstanden zu haben. Er kam mit einem Rucksack voller Lebensmittel, einem Wok und diversen chinesischen Kochutensilien.

Wo ist die Küche? fragte er. Wie heißen Ihre Kinder?

Das ist nicht meine Tochter, das ist der Babysitter, sie heißt Anita, und das ist Lena, aber Sie müssen doch nicht für uns kochen, bitte, Herr Zhou, ich wollte Sie einladen zum Kaffeetrinken, eine deutsche Sitte, Kaffeeklatsch…

Mögen Sie kein chinesisches Essen?

O doch, natürlich, sagte Charlotte.

Herr Zhou kochte eineinhalb Stunden und aß dann nicht mit.

Charlotte tauschte die Stäbchen neben Anitas Schälchen gegen eine Gabel aus,[53] um Anita nicht in Verlegenheit zu bringen.

Herr Zhou beobachtete Charlotte, Lena und Anita beim Essen und tat ihnen sofort, wenn ihre Teller leer waren, eine neue Köstlichkeit auf. Auf eine Yin-Mahlzeit folgt eine Yang-Mahlzeit,[54] erklärte er.

Guten Appetit, rief Lena und nahm Herrn Zhou bei der Hand. Später griff sie in den Reis und streute ihn auf Charlottes Kopf.

Anita gab Lena einen Klaps[55] auf die Finger. Mit dem Essen spielt man nicht, sagte sie streng. Herr Zhou nickte und servierte zum Abschluß eine Suppe.

Er packte seinen Wok wieder ein. Sie lächeln sehr schön, sagte er zum Abschied zu Charlotte. Als Charlotte in die Küche zurückkam, lächelte sie immer noch.

Er ist in dich verliebt, sagte Anita.

Wie bitte? lachte Charlotte.

Er hat dich keinen Augenblick aus den Augen gelassen. Anita pickte mit Charlottes Stäbchen geschickt die verstreuten Reiskörner von der Tischdecke.

Du machst dich lustig über mich, sagte Charlotte. Anita sah sie mit klaren Augen an und schüttelte langsam den Kopf.

Zusammen brachten sie Lena ins Bett. Sie bestand darauf, mit beiden ihr Nachtgebet zu sprechen. Lieber Gott, mach mich fromm, daß ich in den Himmel komm, flüsterte Anita. Sie kann mit Stäbchen essen und beten, dachte Charlotte, sie sagt mir nicht die Wahrheit.

Anita zog ihre Strickjacke an. Den blauen Angorapullover oder den Kaschmirmantel hatte sie noch kein einziges Mal getragen.

Bleib noch einen Moment, sagte Charlotte und legte ihr die Hand auf die Schulter, ich meine, wenn du Lust hast…

---

[53] **tauschte die Stäbchen neben Anitas Schälchen gegen eine Gabel aus** exchanged the chopsticks next to Anita's little bowl for a fork

[54] **Yin-Mahlzeit…Yang-Mahlzeit** Yin course…Yang course (*Yin and Yang are opposites in Buddhist thought, and the presence of each makes for a perfect balance*)

[55] **Klaps** slap

Anita betrachtete Charlottes Hand auf ihrer Schulter, dann zog sie ihre Strickjacke wieder aus.

Charlotte gab Anita ein Glas Wein.

Erzähl mir was von dir, sagte Charlotte. Hast du einen Freund?[56]

Er heißt Mirko und kommt aus Jugoslawien, antwortete Anita gehorsam.

Der Arme, sagte Charlotte.

Warum?

Dieser schreckliche Krieg, dieser Haß, diese Grausamkeiten, die sie aneinander begehen, sagte Charlotte. Was ist er, Serbe, Kroate?[57]

Anita zuckte die Schultern.

Du fragst ihn noch nicht einmal, woher er kommt?

Nein, sagte Anita, er fragt mich ja auch nicht.

Sie war vor drei Wochen zu ihm in sein winziges Apartment gezogen. Er war Kellner in einem Szene-Lokal.[58] Anita holte ihn dort jede Nacht um drei Uhr ab. Sonst baggern ihn noch diese dünnen Wessi-Weiber an,[59] sagte sie zu Charlotte.

Was macht ihr so zusammen? fragte Charlotte. Anita sah sie verständnislos an. Ich meine, wenn ihr nicht gerade im Bett liegt, fügte Charlotte grinsend hinzu.

Nichts, sagte Anita.

Aber irgend etwas müßt ihr doch zusammen machen...

Anita schwieg.

Manchmal gehen wir mit Lena in den Zoo, sagte sie schließlich.

Ach, Lena kennt ihn? fragte Charlotte erstaunt.

Wir sehen uns Videos an. Ohne Lena, meine ich, sagte Anita und trank ihr Glas aus. Charlotte schenkte ihr nach.[60]

Und welche Filme?

Gestern haben wir *Gesichter des Todes* gesehen. Das war so ein Dokumentarfilm, den hat Mirko von einem Freund ausgeliehen. Da sieht man, wie jemand gehenkt wird, und einer wird geköpft in Afrika oder so, und irgendwo in China, in Tibet, glaube ich, war das, da nehmen sie deine Leiche wenn du tot bist, und zerhacken sie mit einem großen Beil, und die Einzelteile werfen sie dann den Geiern vor.[61] Mitten durchgehackt[62] haben sie diese Frau, die Rippen konnte man sehen, und es klang genau wie beim Metzger, wenn er ein Kotelett abhaut, dann die Beine ab, die Arme, und der Kopf, der wollte gar nicht so richtig

---

[56] **Freund** *here* boyfriend

[57] **Serbe, Kroate** Serb, Croat (*nationalities of the Balkan region of Europe*)

[58] **Szene-Lokal** bar in the club scene

[59] **baggern ihn noch diese dünnen Wessi-Weiber an** these skinny West German babes come on to him

[60] **schenkte ihr nach** poured her another

[61] **die Einzelteile werfen sie dann den Geiern vor** they throw the pieces to the vultures

[62] **Mitten durchgehackt** hacked in two

abgehen, da mußten sie mehrmals draufhauen,[63] und dann hat man gesehen, wie sie den Kopf ganz weit über die Wiese geworfen haben, und gleich sind die Geier gekommen und haben sich draufgesetzt und in die Augen gepickt…das sah ganz komisch[64] aus, als wäre der Mensch in die Erde eingegraben, und nur der Kopf sieht raus, und auf dem Kopf dieser riesige Vogel… Anita verstummte. Wenn man sich vorstellt, daß man das selber ist,[65] sagte Anita leise. Charlotte legte den Arm um sie.

Nach dem Lesen: Teil II

1. Was an Anita erinnerte Charlotte an die ehemalige DDR?

2. Warum war es Charlotte wichtig, dass Anita sie nicht siezte?

3. Herr Zhou sagte, Deutschland erinnerte ihn an ein Theaterstück, in dem "zwei Menschen … sich sinnlose, quälende Gedanken machten." Wen sonst könnte diese Bemerkung beschreiben?

4. Was brachte Charlotte Anita bei, und warum? Warum, denken Sie, sah Anita "meist nur ausdruckslos an"?

5. Beschreiben Sie Herrn Zhous Besuch bei Charlotte!

Vor dem Lesen: Teil III

Read the following true-false questions and then browse Part III, below, and answer them.

_____1. Anita trug Charlottes vernünftige Schuhe und Kaschmirmantel.

_____2. Mirko hatte mit Lena gespielt.

_____3. Charlotte wollte eine Reise mit ihren chinesischen Schülern nehmen.

_____4. Charlotte hatte vor, Anita sehr gut für die Zeit der Reise zu bezahlen.

_____5. Anita hatte ihr eigenes Kind zu Hause.

---

[63] **da mußten sie mehrmals draufhauen** they had to hack on it again and again

[64] **komisch** weird

[65] **wenn man sich vorstellt, daß man das selber ist** when you imagine it could be yourself

Teil III

Sie traf Anita mit Mirko ein paar Tage später zufällig in der Stadt. Fast hätte sie Anita nicht erkannt, sie trug Charlottes Goldpumps zu einem schwarzen Lackmini, ihre Haare waren auftoupiert[66], ihre Augen hatte sie schwarz umrandet, den Mund blutrot geschminkt, die Fingernägel silbern lackiert. Jetzt sieht sie aus wie alle, dachte Charlotte enttäuscht, schade, der verdammte Westen, ihre ganze altmodische Schönheit zum Teufel.[67]

Das ist meine Freundin Charlotte, erklärte Anita stolz. Mirko nickte knapp. Er war klein und hatte eine bläulich verfrorene Gesichtsfarbe. Er trug Charlottes Kaschmirmantel.

Mirko Quats macht, sagte Lena in der Badewanne unvermittelt zu Charlotte.

Was hat er denn gemacht? fragte Charlotte vorsichtig.

Lena lächelte selig. Bumbumbumbum, rief sie und richtete die Dusche auf Charlotte wie ein Gewehr.

Charlotte verbot Anita, Mirko mitzubringen, wenn sie auf Lena aufpassen sollte. Ich glaube, daß es Lena verwirrt, wenn ihr zusammen seid, sagte sie zu Anita, besonders jetzt, wo ihr Vater verreist ist.

Anita sah sie ausdruckslos aus schwarz gemalten Eulenaugen an. Seit ihrem zufälligen Aufeinandertreffen in der Stadt war sie jetzt immer geschminkt.

Und bitte spiel nicht Krieg mit ihr, fuhr Charlotte fort, ich mag das nicht. Und fütter sie mittags nicht mit Hamburgern, ich habe die Plastikschachtel im Müll gesehen. Gesunde Ernährung ist Erziehungssache.

Ich hasse gesunde Ernährung, sagte Anita langsam.

Du weißt doch gar nicht, was das ist, du bist doch dein ganzes Leben falsch ernährt worden! rief Charlotte wütend.

Nach einer kleinen Pause sagte sie leise: Entschuldige. Das war gemein[68] von mir. Bitte entschuldige.

Anita zuckte die Schultern.

Ich bin sehr froh, daß ich dich gefunden habe, sagte Charlotte, wirklich sehr froh. Sie umarmte Anita, dabei kam es ihr so vor, als weiche Anita leicht vor ihr zurück, aber sicher war sie sich nicht.

Die chinesischen Schüler planten eine dreitägige Reise zu den Königsschlössern und baten Charlotte, mit ihnen zu kommen. Herr Zhou nahm ihre Hand. Bitte, sagte er, ohne Sie werden wir nicht lächeln.

---

[66] **auftoupiert** piled on top of her head
[67] **zum Teufel** the heck with
[68] **gemein** mean

Ich zahle dir hundert Mark am Tag als Pauschale,[69] sagte Charlotte zu Anita, zuzüglich Essensgeld für Lena und dich. Einverstanden?

Anita lächelte und nickte. Dann sagte sie: Ich muß aber erst Mirko fragen… er schläft nicht gern allein. Sie wischte sie die Haare aus dem Gesicht. Ihren altmodischen Haarreif trug sie schon lange nicht mehr.

Charlotte wandte sich ab und sah aus dem Fenster. Herr Zhou, dachte sie. Eine Nacht mit Herrn Zhou?

Mirko kann hier übernachten, sagte Charlotte, ich möchte nur nicht, daß Lena anfängt zu glauben, ihr wärt ihre Eltern. Verstehst du? Ich möchte nicht, daß Mirko ihre männliche Bezugsperson[70] wird.

Männliche Bezugsperson, wiederholte Anita. Was macht dein Mann in Amerika?

Oh, sagte Charlotte leichthin, er arbeitet.

Anita sah sie aufmerksam an, als erwarte sie weitere Auskünfte. Nach einer Weile fügte Charlotte hinzu: Wir brauchen Ferien voneinander. Wir möchten auch mal wieder einzeln sein, nicht immer nur ein Paar. Das kannst du wahrscheinlich nicht verstehen…

Hm, sagte Anita, wie man's macht, macht man's falsch, was?[71] Sie sahen sich an.

Könnte man so sagen, seufzte Charlotte. Sie lächelten beide. So ein junges Huhn versteht mich, dachte Charlotte verblüfft.

Die Nacht vor ihrer Abreise konnte Charlotte nicht schlafen. Zum ersten Mal seit Lenas Geburt würde sie wieder allein sein. Sie würde denken können, lesen, allein aufs Klo gehen, in Ruhe essen, flirten, schlafen. Sie schrieb alle Notrufnummern[72] säuberlich auf einen Zettel und verfaßte einen Katalog mit sämtlichen Ermahnungen, die ihr einfielen:[73] Lena keine Erdnüsse geben! Waschmittel wegschließen! Pfannen auf dem Herd mit dem Stiel nach innen drehen! Beim Baden Lena nie allein lassen![74]

Anita kam am Morgen pünktlich um halb sieben, eine kleine Plastiktasche über der Schulter. Sie sah ungewöhnlich blaß aus. Es gäbe noch etwas zu besprechen, sagte sie so leise, daß Charlotte sie nicht gleich verstand. Einhundert Mark am Tag ist zu wenig, fuhr sie fort und starrte auf Charlottes Goldpumps an ihren Füßen, ich habe mich erkundigt.[75]

---

[69] **Pauschale** daily rate

[70] **ihre männliche Bezugsperson** her primary male figure

[71] **wie man's macht, macht man's falsch, was?** whatever you do, it's wrong, hey?

[72] **Notrufnummern** emergency phone numbers

[73] **mit sämtlichen Ermahnungen, die ihr einfielen** with all the warnings she could think of

[74] **geben…wegschließen…drehen…lassen** *infinitive forms intended as somewhat abrupt instructions*

[75] **ich habe mich erkundigt** I've asked around

Ein einziges Wort blinkte vor Charlottes Augen auf wie eine rote Neonschrift: UNDANKBAR. UNDANKBAR. UNDANKBAR. Aha, sagte Charlotte kühl, wieviel?

Dreihundert, sagte Anita, ohne sie anzusehen, am Tag.

Sie schwiegen. Charlottes Gesicht glühte vor Wut.

Ich bekomme ja auch keine Arbeitslosenversicherung, keine Lohnsteuerversicherung und keine Rentenversicherung,[76] flüsterte Anita und sah weiter auf ihre goldenen Schuhspitzen.

Diese Wörter hat ihr Mirko eingebleut,[77] dachte Charlotte, dieses kleine Aas, will mich erpressen!

Mit leiser, enttäuschter Stimme sagte Charlotte zu Anita, während sie ihr leicht über den Kopf strich: Hast du wirklich das Gefühl, ich behandele dich unfair? Ich?

Anita fing unvermittelt an zu heulen. Ihr billiges Maskara lief ihr in breiten schwarzen Strömen über die Backen.

Ich kann so schlecht über Geld reden, schniefte sie.

Charlotte gab ihr ein Taschentuch. Anita legte den Kopf auf den Tisch und heulte um so mehr. Charlotte betrachtete sie mit untergeschlagenen Armen. Du Ratte, dachte sie. Du miese, kleine Ratte. Und ich habe geglaubt, ich müßte dir auf die Beine helfen.[78]

In zwanzig Minuten geht mein Zug, sagte sie.

Anita legte die Stirn auf das blaue Wachstuch. Ihr Rücken zuckte.

Charlotte schwieg eisern.[79]

Schließlich zog Anita ihr Portemonnaie aus der Tasche und holte, ohne hinzusehen, ein Foto heraus. Sie legte das Foto auf den Tisch neben sich. Charlotte ging um den Tisch herum und nahm das Foto in die Hand. Anita, mit blond gefärbten Haaren und riesigen Ohrringen, hielt einen dicken Säugling[80] in einem lila Strampelanzug[81] auf dem Arm. Neben ihr stand ein blasser, ebenso blonder Mann, dessen Gesicht nicht mehr zu erkennen war, so zerknickt war das Foto. Anita drückte ihren Kopf gegen Charlottes Bauch und schlang ihre Arme um ihre Hüften. Nach einer Weile hob sie das Gesicht und sah Charlotte an. Ihre Augen waren trocken.

Zweihundert, flüsterte Anita.

Hundertfünfzig, sagte Charlotte.

---

[76] **Arbeitslosenversicherung, Lohnsteuerversicherung, Rentenversicherung** unemployment benefits, tax insurance, pension insurance

[77] **ihr eingebleut** put into her head

[78] **ich müßte dir auf die Beine helfen** I needed to help you out

[79] **eisern** *here* stubbornly

[80] **Säugling** infant

[81] **Strampelanzug** rompers

Nach dem Lesen: Die ganze Erzählung

1. Manchmal ist Charlotte so, und manchmal ist sie anders. Finden Sie Beispiele im Text, wo Charlotte jeden Charakterzug zeigt, und zitieren Sie die Stelle oder beschreiben Sie sie.

   freundlich/unfreundlich

   sanft/kritisch

   tolerant/intolerant

   freigebig/nicht freigebig

2. **Anita und Charlotte**: Wer macht das? Kreuzen Sie an:

	Charlotte	Anita
arbeitet für Geld		
mag modische Kleider		
arbeitet für Status		
ist ihrem Mann treu		
isst nur gesunde Ernährung		
hat ein kleines Kind		
will die andere kontrollieren		
bekommt keine Arbeitslosenversicherung		
liebt den Westen		

Zur Diskussion oder zum Schreiben auf Deutsch

1. Vergleichen Sie Charlotte und Anita mit der Information im Informationsraster oben (7-10 Sätze).

2. Schreiben Sie mindestens drei Sätze auf Deutsch über jede Person:

   Eugenia

   Dorota

   Lena

   Robert

   Herr Zhou

   Mirko

3. Anita ist die dritte Bewerberin für die Stelle als Kinderhüterin. Warum wählt Charlotte sie und nicht Eugenia oder Dorota?

4. Welche Vorstellungen hat Charlotte von der ehemaligen DDR und den Ostdeutschen? Wie wird ihr Benehmen gegen Anita von diesen Voraussetzungen beeinflusst?

5. Warum gibt es Spannungen und Stereotypen zwischen Deutschen aus dem Westen und Deutschen aus dem Osten?

6. Welche Rolle spielen die Männer (Robert, Mirko, Herr Zhou) in der Welt der Geschichte?

Aufsatzthema

Vergleichen Sie "Am Rande" und "Gutes Karma aus Zschopau." Auf welcher Weise zeigen die zwei Erzählungen, dass Vorurteile die Menschen 'blind' machen gegen die Realität einer anderen Person?

Das Heimweh[1]

Hans Lebert

About the author

Born in Vienna, Austria, in 1919, Hans Lebert, who appeared on Austrian and international stages as an opera singer from 1938 to 1950, wrote short stories, dramas and poetry. He was probably best known for his novels *Die Wolfshaut* (1960) and *Der Feuerkreis* (1971), both critiques of Nazi Austria as well as of postwar Austria. Lebert's work went largely uncommented in the late 1970s and 80s, perhaps because of its then unfashionable moralistic themes, but it was rediscovered by literary critics and scholars in the 1990s and is now appearing in reprints. This story, which first appeared in 1952 in a collection of Lebert's short stories, *Ausfahrt*, was reprinted in 1995. Hans Lebert died in 1993.

About the story

Long enough to be considered a novella rather than a short story, "Das Heimweh" considers a city girl's ultimately unsuccessful attempt to return home to her parents and their simple rural life. The themes of guilt and repentance and of evil which cannot be overcome, but at best only

---

[1] From Hans Lebert, *Das weiße Gesicht*, Copyright © 1995 Europaverlag, Wien-München. Reprinted by kind permission of Europaverlag.

understood, are seen here as they are in much of Lebert's other work. The author was known as well for lush descriptions of the natural world, many of which occur in the following story.

We have divided the story into seven parts:

I. Paula's discouragement with her life in the city and the pull of the countryside on her imagination;

II. Her train trip to her home town, her arrival and her walk through the fields to her parents' house;

III. Paula's parents, their way of life, and their painful memories of Paula's leaving home seven years previously;

IV. Paula's overnight stay in her parents' cottage home and her attempts at reconciliation with them;

V. Paula's visit to her parents' church and her attempts at reconciliation with God and her religion;

VI. Sunday dinner and the after-dinner nap;

VII. Confrontation between Paula and her parents about her past and Paula's farewell.

The story opens with a poetic description of a city summer heat wave.

Vor dem Lesen: Teil I

Read the true-false questions below and then browse Part I, taking no more than a minute per page. Then answer the questions.

_____1. Die Geschichte spielt im Winter.

_____2. Das Wetter war heiß und windig.

_____3. Paulas Freund war ein alter Mann.

_____4. Am Ende ging Paula zu Bett.

Die Erzählung

Now read Part I of the story in detail. Use the footnotes to help you understand, but try not to look up words in the glossary.

Das Heimweh

Teil I

Es war ein Augusttag. Reglos und lähmend hockte die Glut in den Gassen.[2] Oben kochte der Himmel, finster vor Licht.[3] – Doch dann gegen Abend schien draußen am Land ein Gewitter niederzugehen, denn unvermittelt wehte ein Wind, der nach Regen und grünem Gras roch. Leute blieben befremdet stehen, mitten im Verkehr.[4] Sie blickten empor, und ihre Augen, die halb erloschenen,[5] weiteten sich, wurden ganz rund und blau. Ja, dieser Wind wehte seltsam ins Herz, riß lang verschlossene Türen auf, weckte die Wanderlust, weckte die Sehnsucht nach Ferne. Er strömte flach wie ein langsames Wasser dahin, sang mit geschmeidiger Stimme über die Dächer, und allmählich brachte er glattes Gewölk, eine Wolkenhaut, schillernd wie Perlmutter.[6] Das erinnerte an ein Meer.

Draußen waren die Wiesen üppig und dunkel. Sie funkelten fett wie ein Fell, wie das Federkleid feister Vögel[7] und atmeten einen starken erregenden Duft. Der Wind kam geflogen und sog ihn auf,[8] nahm die Gerüche des Grases mit sich; durchtränkt vom Körpergeruch der Erde, flutete er in die Stadt.[9]

Als die Geschäfte geschlossen wurden, wimmelte es von Verkäuferinnen. Die meisten gingen zu Fuß nach Haus, denn erfrischend war's, nach dem stickigen Tag das Haar und die Röcke im Abendwind flattern zu lassen. Allein, zu zweit, in kleinen Gruppen oder am Arm eines Freundes schwebten die jungen Frauenzimmer[10] mit losem Gelächter daher. Sie hatten Ringe um die Augen, den Mund mit Lippenrot nachgemalt, und viele sahen recht arm und abgekämpft aus. Dennoch marschierten sie lustig im Takt,[11] summten innerlich Tanzmusik und wiegten sie frech in den Hüften.[12] Es war die grasgrüne Luft, was dem

---

[2] **reglos und lähmend hockte die Glut in den Gassen** motionless and paralyzing, the heat crouched in the back alleys (*notice the alliteration in this and the following descriptive passages*)

[3] **finster vor Licht** dark before the light or dark with light (*impossible in a literal sense, but a poetic description of baking heat*)

[4] **blieben befremdet stehen, mitten im Verkehr** stood still in the middle of traffic, astonished

[5] **ihre Augen, die halb erloschenen** their eyes, half extinguished

[6] **schillernd wie Perlmutter** shimmering like mother-of-pearl

[7] **funkelten fett wie ein Fell, wie das Federkleid feister Vögel** glittered rich as a pelt, like the feather garment of fat birds

[8] **kam geflogen und sog ihn auf** came flying and sucked it (*the fragrance*) up

[9] **durchtränkt vom Körpergeruch der Erde, flutete er in die Stadt** soaked with the body odor of the earth, it (*the wind*) flowed into the city

[10] **Frauenzimmer** womenfolk (*archaic*)

[11] **marschierten sie lustig im Takt** they marched merrily in rhythm

[12] **wiegten sie frech in den Hüften** swayed it insolently in their hips

Gang solchen Rhythmus und Schwung verlieh, die Kühle, die wie ein Abenteuer hereinbrach.

"Es riecht nach Land!" sagte Paula. Sie trat mit andern Angestellten aus dem Warenhaus. Die Kleider begannen zu flattern. Der bunte Schwarm entfaltete sich vor dem Tor. Da sagte Paula wieder: "Es riecht nach Land!" Und nun war es wirklich so, nun rochen es alle: das Land, die Weite, die große, lebendige Welt.

An diesem Abend hatte der Alte, der im Augenblick Paulas helfender Freund[13] war, viel Ärger. Sie saßen bei Brathuhn und Gurkensalat und einer Kanne heurigem Wein in einem Gasthausgarten. Doch das sonst so entgegen kommende Mädchen schnitt ein Gesicht,[14] war wortkarg und abwesend, starrte beharrlich an ihm vorbei auf den blühenden Oleander, behauptete, furchtbares Kopfweh zu haben, wurde grob, und nach dem Essen rannte sie einfach fort — ohne Abschied und Dank.

Als sie ihr kleines, möbliertes Zimmer betrat, blähten sich die Gardinen am offenen Fenster. Wie ein Meer, das über die Ufer tritt, so und nicht anders strömte die Nacht in den Raum. Die Gardinen schwammen in schwärzlicher Flut wie Algen am Meeresgrund.

Sie starrte hinaus in die Gasse. Mauern! Mauern mit tausend Löchern! Lampen schaukelten klirrend und irr und beschmierten die Wände mit Licht; auf dem nahen Bahnhof pfiffen die Lokomotiven. Dann fuhr der Wind übers Pflaster, wirbelte Staub und Tramwayfahrscheine auf, und abermals brachte er diesen berückenden Duft.[15] Paula glaubte ein fernes Rufen zu hören.

Sie blickte auf den verkümmerten Baum, der knapp unter ihrem Fenster die Zweige bewegte. Eine dunkle Musik wie das Rauschen ewigen Regens klang rührend aus seinem Laubwerk zu ihr herauf. Es hörte sich an wie ein Lied aus der Heimat; es war wie das Rufen aus einer versunkenen Welt. Sagenhaft hinter gestorbenen Jahren, hinter verwelkten Männergesichtern, Zinskasernen, Warenhäusern, endlosen Großstadtstraßen lebte noch immer das Land ihrer Kindheit, dies Land, das sich grün hinterm Himmel streckte, und heute rief es auf einmal ganz deutlich, rief mit der dunklen Stimme des Baumes dort unten.

Müde und traurig wandte sie sich zurück in ihr Zimmer, in das ungesunde Dämmern der Nachttischlampe. An den Lippen haftete ihr ein Geschmack von Heu, von reifen Feldern und Gärten, von Obst und Most und frisch gebackenem Brot. Als sie dann langsam das Kleid abstreifte, es achtlos über den Sessel warf und aus den Schuhen schlüpfte, atmete sie den Geruch ihres Körpers, diesen würzigen Bauernmädchengeruch, der das einzige war, woran sie sich selbst noch

---

[13] **helfender Freund** paying boyfriend
[14] **schnitt ein Gesicht** made a face
[15] **abermals brachte er diesen berückenden Duft** once again it brought this captivating fragrance

erkannte.[16] Es ist schade, dachte sie, schade um mich, das Leben geht so schnell vorbei, man müßte endlich wissen, wohin man gehört.[17]

Sie legte sich zu Bett und löschte das Licht. Über den Dächern hatte die Nacht sich geöffnet, ungeheuer wie eine riesige, schwarze Blüte.

Nach dem Lesen: Teil I

1. Finden Sie in Teil I der Erzählung mindestens acht Satzteile mit Alliteration, zum Beispiel: "Glut in den Gassen".

2. Was für eine Arbeit hatte Paula in der Stadt?

3. Wie war das Wetter, und wie spiegelte es die Gefühle der Leute wider?

4. Was geschah zwischen Paula und ihrem "helfenden Freund"?

5. Was war "das ferne Rufen", das Paula hörte, und wozu rief es sie?

Vor dem Lesen: Teil II

Read through these questions, then browse Part II, taking no more than one minute per page. Then answer these questions.

_____1. Paula fuhr mit dem Bus zu ihren Eltern.

_____2. Es sind sieben Jahre seit Paulas letztem Besuch vergangen.

_____3. Sie verließ ihr Elternhaus wegen eines Motorradfahrers.

_____4. Paulas kleine Heimatstadt hatte sich stark verändert.

Now read Part II in detail, using the footnotes but trying not to look up words in the glossary.

---

[16] **diesen würzigen Bauernmädchengeruch, der das einzige war, woran sie sich selbst noch erkannte** this spicy farmgirl smell that was the only thing she could recognize herself in

[17] **wohin man gehört** where one belongs

Teil II

Das Ganze war wie im Traum. Eingeklemmt zwischen Menschen, die das Wochenende hervorgelockt hatte, schaukelte Paula per Bummelzug[18] gegen Westen. Ein Güterschuppen hallte vorüber,[19] eine Wagenreihe, ein Vorortbahnhof, von wildem Wein überwuchert;[20] Weichen klirrten und rumpelten unter den Rädern hinweg,[21] und wieder das eintönig wiegende Eisenbahnlied.

Ihr war recht unbehaglich. Die kindische, hoffnungsvolle Freude hatte sich plötzlich in Angst verwandelt und engte den Atem ein. Gab es denn überhaupt jenes Dorf, dessen Namen in ihrem Heimatschein[22] stand? Gab es das Land, das so schattenhaft in Erinnerungen noch lebte? Ach ja, daran war kein Zweifel! Auch auf dem Billett, mit dem ihre Finger nun spielten, stand jener Name; man konnte ihn wunderbar lesen. Aber wo waren die Eltern? – Sie lagen vielleicht schon unter dem Gras, das in der langen Zeit der Entzweiung über allem gewachsen war.

Am Fenster schwirrte die Landschaft vorbei. Es zeigten sich Bruchstücke, flüchtige Fetzen: Bäume, Häuser, ein Berg und Signale, wie Flammen zum Himmel aufzuckend. Der Wind kam herein, roch nach Braunkohlenrauch, auch nach Getreide- und Rübenfeldern,[23] und manchmal roch es nach Wald. Paula saß da, ganz aufrecht und steif, und preßte die mageren Schenkel fest aneinander. Unter staunend hochgezogenen Brauen hockte ihr Blick wie ein kleiner erschrockener Vogel. Sieben Jahre! dachte sie, sieben…oder am Ende schon acht? –Ich bin eine schlechte Tochter. Wenn mir die Alten gestorben sind, geschieht es mir ganz recht.

Damals, vor sieben Jahren, war sie in einer föhnigen Nacht den Eltern durchgebrannt,[24] denn es ging um einen Mann,[25] um einen Motorradfahrer. Sie zog zu ihm in die Stadt, in ein wüstes Zimmer, kochte für ihn das Essen und lebte mit ihm, bis sich dann eines Tages herausstellte, daß er ein Lump und Zuhälter war[26] und mit ihr, dem jungen, dummen Ding, nichts anderes wollte, als mühelos Geld verdienen. Da war es natürlich aus mit der Liebe, und sie wäre

---

[18] **per Bummelzug** on a slow train

[19] **ein Güterschuppen hallte vorüber** a freight shed echoed overhead

[20] **von wildem Wein überwuchert** overgrown by wild grapevines

[21] **Weichen klirrten und rumpelten unter den Rädern hinweg** switches clinked and rumbled away under the wheels

[22] **Heimatschein** identity papers

[23] **Getreide- und Rübenfeldern** grain and turnip fields

[24] **war sie in einer föhnigen Nacht den Eltern durchgebrannt** she had run away from her parents on a night of foehn (*'Föhn' is a dry wind from the Alps, popularly believed to cause headache and unpredictable behavior in susceptible individuals*)

[25] **es ging um einen Mann** it was about a man

[26] **bis sich dann eines Tages herausstellte, daß er ein Lump und Zuhälter war** until it turned out one day that he was a lout and a pimp

auch wieder heimgefahren, wenn das schlechte Gewissen und ihr Trotz sie nicht daran gehindert hätten. Zu Kreuz kriechen?[27] Nein! Sie suchte sich Arbeit, sie suchte sich neue, bessere Freunde und hielt sich irgendwie über Wasser; das war so romantisch und machte mitunter viel Spaß. Den Eltern schrieb sie, es gehe ihr gut und sie denke gar nicht daran, die Stadt zu verlassen. Sie erhielt keine Antwort, weder auf diesen, noch auf zwei spätere Briefe. Also gab sie es auf und blickte nicht länger zurück, lebte "ihr eigenes Leben", wie sie es nannte, war einmal da, einmal dort in Stellung, erst als Laufmädchen,[28] dann als Verkäuferin; außerdem hatte sie bald einen Nebenberuf,[29] denn immer wieder fanden sich Männer, die für gut geheuchelte Zärtlichkeit[30] gerne bezahlten. So wurde aus der Provinzlerin[31] allmählich ein Großstadtdämchen,[32] eine welke, aufgeschminkte Asphaltpflanze, die in Kaffeehäusern trügerisch blühte,[33] alle modernen Tänze tanzte und ihre eigene Meinung hatte über das, was in Schlagern allgemein Liebe genannt wird.

Der Wind roch auf einmal nach Kuhstall. Ein breiter Bauernhof drehte sich langsam vorbei. In der Wiese lief rüstigen Schrittes[34] ein Mädchen und trug einen Rechen geschultert. – Ach Gott, dieses flotte Luderleben schmeckte schon lange schal.[35] Wesenlos hasteten Tage und Nächte vorüber, und immer ging man irgendwie leer dabei aus. Die Maskerade war schleißig geworden, man ahnte bereits, wie arm man unterhalb war;[36] man begann den ganzen Schwindel schon zu durchschauen. Aber was half das noch? Stumpf und betäubt ließ man sich treiben,[37] spielte sich etwas vor und konnte froh sein, nicht unterzugehen, denn die Ufer waren schon viel zu weit, zurück gab es keinen Weg.

Da umschatteten Fichtenwälder die Fahrt; ernst und blau erhob sich das alte Gebirge, und halb vergessene Bilder blickten herein. Zwischen rötlichen Weinbergen ragte ein Kirchturm, ein rußgeschwärzter Fabrikschlot, seltsam vertraut. Dann begannen die Bremsen zu schleifen. Der Zug hielt an. Tatsächlich!

---

[27] **zu Kreuz kriechen** come crawling back
[28] **Laufmädchen** errand-girl
[29] **Nebenberuf** supplementary profession
[30] **gut geheuchelte Zärtlichkeit** well-simulated tenderness
[31] **Provinzlerin** country bumpkin
[32] **Großstadtdämchen** city gal
[33] **eine welke, aufgeschminkte Asphaltpflanze, die in Kaffeehäusern trügerisch blühte** a faded, tarted-up pavement posy that bloomed deceptively in coffeehouses
[34] **rüstigen Schrittes** with a vigorous step
[35] **dieses flotte Luderleben schmeckte schon lange schal** this snappy slut's life had been tasting stale for a long time
[36] **die Maskerade war schleißig geworden, man ahnte bereits, wie arm man unterhalb war** the masquerade had worn through, you could sense how poor you were underneath
[37] **stumpf und betäubt ließ man sich treiben** apathetic and numbed you let yourself be carried along

Es war ihr Dorf.

Wie schlafwandelnd stieg sie aus, durchschritt das kleine Stationsgebäude und trat hinaus auf den Platz. Da war noch alles wie eh und je; es hatte sich nichts geändert; die Trafik,[38] die Bahnhofswirtschaft, die Tankstelle, drüben das große Sägewerk, duftend nach harzigem Holz. In der Dämmerung fühlte man ringsum das Land wie ein atmendes Lebewesen. Und auf einmal kam der Geruch aus den Feldern, dieser dicke, schwere Getreidegeruch, den man kauen mußte, andächtig wie ein Stück Brot.

Paula tat einen tiefen Zug.[39] Das füllte sie an vom Grund ihres Schoßes bis unter die schmerzende Kopfhaut. Dann bog sie in einen Fußweg ein, der verträumt durch das kühle Geraschel der Maispflanzen führte,[40] und oben sprangen die Sterne auf, blaß wie Samenkörner in einem Acker.

Nach dem Lesen: Teil II

1. Nennen Sie so viele Pflanzen oder Pflanzteile wie möglich, die in Teil II erscheinen.

2. Was waren Paulas Gefühle, als sie im Zug auf dem Weg war?

3. Warum hatte Paula zuerst das Haus ihrer Eltern vor sieben Jahren verlassen?

4. Warum hatte sie das Verhältnis mit dem Mann beendet?

5. Wie verdiente Paula ihr Geld in der Großstadt?

6. Wie fand Paula ihr altes Dorf, als sie aus dem Zug heraussteig?

Vom dem Lesen: Teil III

Read these statements, then browse Part III of the story, taking no more than one minute per page, and complete them.

1. Ein Schuster ist ____.

2. Der Schuster und seine Frau waren ____.

---

[38] **Trafik** (*Austrian*) tobacco shop

[39] **tat einen tiefen Zug** took a deep breath

[40] **der verträumt durch das kühle Geraschel der Maispflanzen führte** which led dreamily through the cool rustle of the corn plants

3.   Der Schuster und seine Frau hörten in Paulas Zimmer ____.

4.   Der Schuster und seine Frau sagten zueinander, ____.

5.   Paula fühlte sich ____, wieder in ihrem Heimatdorf zu sein.

Now read Part III of the story in detail, using the footnotes but trying not to look up words in the glossary.

Teil III

Es war dunkel geworden; man sah schon zu wenig. Der Schuster[41] brach seine Arbeit ab, erhob sich mit knackenden Knochen und trat vor die Tür. Das Haus lag außerhalb des Dorfes auf einem wiesenreichen Hügel, und man hatte von hier eine freie Aussicht über das Tal und die blaue Brandung der Berge. Der Schuster spuckte aus und wischte sich seinen Schnurrbart. Eine Kuhglocke klang, der Brunnen schallte; ein zarter Dunst stieg rings aus den Feldern empor. In der Linde, die nächtlich das Dach überragte,[42] summten mit dünnen Stimmen noch einige Bienen, und in den Wiesen gaben die Grillen das große Konzert. – Schon weit hinter Wäldern verlor sich ein Grollen; es war der Abendzug.

"Alte!" rief der Schuster ins Ungefähr.[43] Die kleine dicke Frau kam aus dem Gemüsegarten, sie trug einen Kürbis zärtlich im Arm und watschelte bloßfüßig durch das Gras. Von der stattlichen Frucht ging ein Leuchten aus wie von einer erkalteten Sonne.[44]

"Bist du die ganze Zeit im Garten gewesen?" fragte der Mann.

"Jawohl, die ganze Zeit. Warum denn?"

Behutsam legte sie ihre Last auf die glatte steinerne Schwelle. "Schau her!" sagte sie, "ist der nicht schön?"

"Ich habe in Paulas Kammer Schritte gehört", sagte der Schuster langsam. "Gerade als ich die Sohle aufnageln wollte — auf die Schuhe vom Lois, du weißt schon —, gerade in diesem Augenblick hörte ich nebenan jemanden gehen, eine ganze Weile, hin und her. Warst das nicht du?" – Er blickte sie sonderbar an.

"Nein", sagte die Frau, "ich war den ganzen Tag nicht da drinnen."

"Komisch. Das hat gerad[45] so geklungen, als schliche jemand barfuß herum."

---

[41] **der Schuster** the shoemaker (*i.e., Paula's father*)

[42] **die nächtlich das Dach überragte** which towered nocturnally over the roof

[43] **ins Ungefähr** into the air around him

[44] **von der stattlichen Frucht ging ein Leuchten aus wie von einer erkalteten Sonne** from the handsome fruit came a glow as from a cooled sun

[45] **gerad = gerade** (just)

Es entstand eine Pause. Unter den Obstbäumen wogte der Atem des Grases. Mit lautlosem Flattern umtaumelte sich ein Fledermauspärchen.[46] Die Frau sprach leise, als spräche sie zu sich selbst; ihre Stimme klang wie das Flüstern des Laubes:

"Siehst du, jetzt hast du es auch gehört. Aber mich hast du ausgelacht heute nacht; mir hast du nicht geglaubt."

"Es ist das alte Holz", sagte der Schuster; "es kracht ganz von selber, wenn es am Abend auskühlt."

Er hockte sich auf die Hausbank und brütete dumpf vor sich hin[47] in das summende Dunkel. Der Brunnen tönte wie eine unterirdische Glocke, verbreitete ringsum Feuchtigkeit und ein seltsames, bleiches Licht. Die Frau beäugte den Kürbis, der wie ein nebelhaftes Gesicht von unten zu ihr heraufsah.[48] Schließlich sagte sie: "Rück da ein wenig zur Seite!" Und als der Mann das getan hatte, setzte sie sich zu ihm. Sie sagte:

"Was mag aus dem Mädel geworden sein?"

"Gut, daß wir es nicht wissen", brummte der Schuster. Und beide blickten nun schweigend zum Himmel empor.

Die Wunde, die ihnen ihr einziges Kind vor Jahren geschlagen hatte, konnte in solchen stillen Stunden, obschon sie längst vernarbt war, immer noch schmerzen. Bodenlos war den Alten die Schlechtigkeit Paulas erschienen, bodenlos die Grausamkeit, der Undank dieser mißratenen Tochter. Nur gut, daß man fest verwurzelt war in einer Welt, die Trost spenden konnte, die das wehe Gemüt mit heilsamen Salben bestrich.[49] Man mußte sich ihr ganz hingeben, um zu vergessen, mußte aufgehn im Alltag und seiner Arbeit, um nicht Zeit zu finden, an all die Schande zu denken. Das kleine Haus mit der Schusterwerkstatt, der Gemüsegarten, das Obst, die Wiese, der schmale Kartoffelacker…und die zwei Ziegen, die Hühner, die Kuh – das war die Welt, die einem am Leben erhielt, der Grund, aus dem man mit alten Wurzeln still und genügsam die Nahrung saugte fürs Herz. Daß man auch einmal ein Kind gehabt hatte…Mein Gott! wie weit lag das schon zurück! Wie ein Traum war das nun, wie ein ferner Schatten: Ein liebes, hübsches Jungmädchengesicht blickte verblichen durch Nebel her und erweckte behagliche Trauer.[50] Nicht die Fratze der schlechten Person,[51] die

---

[46] **mit lautlosem Flattern umtaumelte sich ein Fledermauspärchen** with a soundless fluttering a pair of bats reeled around each other

[47] **brütete dumpf vor sich hin** brooded gloomily

[48] **beäugte den Kürbis, der wie ein nebelhaftes Gesicht von unten zu ihr heraufsah** eyed the pumpkin, which looked up at her from below like a hazy face

[49] **in einer Welt, die Trost spenden konnte, die das wehe Gemüt mit heilsamen Salben bestrich** in a world that could administer consolation, that anointed the sorrowing spirit with healing salve

[50] **erweckte behagliche Trauer** awoke a comfortable sorrow

[51] **die Fratze der schlechten Person** the grotesque face of the bad person

irgendwo lebte, verworfen, verschollen und ausgetilgt aus den Gedanken;[52] nein, es war das Gesicht jener Paula, die gestorben war und mit Geisterfüßen noch immer heimlich in ihrer Kammer herumschlich.[53] Fiel ihnen dennoch die andere ein, begann die Wunde wieder zu schmerzen, und sie mußten den Blick nach oben richten; die Erde genügte dann nicht mehr.

"Schau den Himmel", sagte der Vater, "wie nahe!"

Der Himmel hatte sich tief auf die Gegend gesenkt. Er war überwuchert von feisten, flackernden Sternen. Paula ging langsamen Schrittes[54] zwischen den Kukuruzfeldern.[55] Genießerisch setzte sie einen Fuß vor den andern, und manchmal breitete sie die Arme aus, meinte zu schweben. Auf einmal war sie berauscht, war trunken und taumelnd. Alle Angst, alle Last war von ihr genommen, und sie fühlte sich plötzlich geborgen, getragen wie ein Kind auf dem Arm der Mutter. Die Stimmen jodelnder Bauernburschen stiegen empor, überschlugen sich gläsern und flogen als Echo von Berg zu Berg, fröhlich und traurig zugleich. Dieser Abend hatte sich tiefblau entfaltet und glich einem frischen Bett, das den Schläfer erwartet.

Sie blieb stehen und brach mit geübtem Griff einen Maiskolben aus dem raschelnden Dickicht;[56] er war hart und kühl und lag sonderbar schwer in der Hand. Sie löste die steife Blätterhülle ein wenig; da waren, von schmiegsamen goldenen Fäden umsponnen,[57] die noch unreifen Körner in all ihrer Reinheit, weiß und zart wie die Seele des Lebens, da war das große Rätsel und blickte sie an.

Die Faust ganz fest um den Kolben schließend, schritt sie verzaubert weiter. Wie kuhwarme Milch umfloß sie der Atem des Landes. Abgründig dunkel gluckste und gurgelte es:[58] ein Bach, der sanft über Steine sprang und die Wurzeln der Sträucher beleckte; auf seiner geschmeidigen Oberfläche[59] tanzte das Sternenlicht. Sie stützte sich auf das Geländer des Stegs[60] und schaute lange hinunter. Das Wasser war glatt, flink und biegsam wie eine Schlange; es huschte ölig und fast geräuschlos dahin. Manchmal schimmerte etwas bleich vom Grunde herauf, etwas, das seltsam wie ein Gesicht, ein Stein oder ein Knochen aussah:

---

[52] **verworfen, verschollen und ausgetilgt aus den Gedanken** depraved, presumed dead and exterminated from their thoughts

[53] **mit Geisterfüßen noch immer heimlich in ihrer Kammer herumschlich** still crept around stealthily on ghost feet in her room

[54] **langsamen Schrittes** with a slow step

[55] **Kukuruzfeldern** cornfields

[56] **brach mit geübtem Griff einen Maiskolben aus dem raschelnden Dickicht** broke with a practiced grip a corncob from the rustling thicket

[57] **von schmiegsamen goldenen Fäden umsponnen** covered with supple golden threads

[58] **abgründig dunkel gluckste und gurgelte es** dark as an abyss it gurgled and gargled

[59] **auf seiner geschmeidigen Oberfläche** on its supple surface

[60] **stützte sich auf das Geländer des Stegs** steadied herself on the railing of the footbridge

etwas lange Vergessenes, das in der Tiefe noch lebte, etwas sehr Altes. Eine Sternschnuppe fiel ins Nichts,[61] zog einen kurzen brennenden Bogen durch die ungeheure Wölbung der Nacht und erlosch. So kurz war das Leben, so flüchtig und dennoch so brennend.

"Hast du gesehen?" fragte die Frau, "eine Sternschnuppe ist gefallen."

"Ja. Es war nicht die erste. Ich habe schon fünf gezählt. Um diese Jahreszeit ist der Himmel in Aufruhr; alles stürzt durcheinander…"

Das Schindeldach knisterte unter der Last der Sterne[62] wie eine Schicht Stroh, auf der atmend ein schweres Tier ruht.

"Und hast du dir etwas gewünscht?"

"Sei still! Da kommt wer,"[63] sagte der Mann. Er hatte unter den Apfelbäumen eine Gestalt bemerkt.

Nach dem Lesen: Teil III

1. Finden Sie in Teil III so viele Satzteile mit Alliteration, wie Sie können. (You may find ten or more.)

2. Finden Sie in diesem Teil so viele Tiere und Insekten wie möglich. Welchen Effekt haben diese Lebewesen in der Erzählung?

3. Die Eltern vermuteten, dass Paula schon da wäre. Was verursachte das?

4. Was war 'die Wunde' der Eltern? Womit trösten sie sich über diese Wunde?

5. Wie fühlte sich Paula, als sie zu Fuß auf dem Weg durch die Felder ging?

6. Was ist die symbolische Bedeutung einer Sternschnuppe?

Vor dem Lesen: Teil III

Read through these questions, then browse Part IV of the story below, taking no more than one minute per page, and respond to the questions:

1. Wie reagierte Paula, als sie ihre Eltern sprechen hörte?

---

[61] **eine Sternschnuppe fiel ins Nichts** a shooting star fell into nothingness

[62] **das Schindeldach knisterte unter der Last der Sterne** the shingled roof crackled under the burden of the stars

[63] **da kommt wer** somebody's coming

2.   Was antwortete der Vater, als Paula rief?

3.   Wer weinte?

4.   Im Elternhaus schlief Paula ____.

5.   Als sie sich im Spiegel sah, dachte Paula ____.

6.   Im Brunnen neben dem Haus ____.

7.   Zum Frühstück gab es ____.

8.   Paula sagte ihren Eltern, sie käme nach Hause, weil ____.

Now read Part IV of the story in detail, using the footnotes but trying not to look up words in the glossary.

Teil IV

Paula vernimmt die beiden Stimmen, die durch das Dunkel ihr plötzlich ans Ohr flattern, und das Herz beginnt ihr wie ein Dreschflegel gegen die Rippen zu poltern.[64] Sie bleibt stehen und lauscht hinüber zum Haus, doch nur das Gepolter des Herzens kann sie noch hören. Gott steh mir bei! denkt sie, jetzt muß es sein. Dann faßt sie Mut und ruft:

"Ich bin es, Vater, ich!"

Ein starres Schweigen antwortet ihr, ein Atemanhalten, in welchem sie selbst erstarrt, eine Stille, die in den Ohren kocht und den Gehörgang aufbläht bis zum Zerplatzen.[65] Versteinert steht Paula da und lauscht und hört in sich den wuchtigen Dreschflegelschlag. Ihre Knie zittern, sonst aber ist sie wie Stein. Hat sie sich alles nur eingebildet? Waren es gar nicht die Stimmen der Eltern? Kommt sie zu spät? Wohnen hier andere Leute? Nichts rührt sich mehr dort drüben. Alles wie ausgestorben! Nur der Mund des Brunnens lallt seine Worte weiter hinab in den Trog. Diese Worte aber sind sanft und beruhigend, sind ein so alter vertrauter Klang, etwas so urzeitlich Heimatliches, daß auf eimal Jahre und Tage und Weiten und alle Wege der Welt verschmelzen in einem einzigen großen Daheimsein. Nun braucht sie gar keine Kraft mehr; ganz von selber beginnt ihr Körper zu laufen, schwerelos, und sie läuft durch das Gras, das ihr kalt die Beine besprüht, auf das Haus zu.

"Paula!" keucht die Mutter. Der Hund schlägt gellend an[66] und reißt an der

---

[64] **das Herz beginnt ihr wie ein Dreschflegel gegen die Rippen zu poltern** her heart starts pounding against her ribs like a flail

[65] **die in den Ohren kocht und den Gehörgang aufbläht bis zum Zerplatzen** that boils in the ears and blows up the auditory passages until the bursting point

[66] **schlägt gellend an** tunes up yelling

Kette. Die Alten sind aufgesprungen. Sie stehen sprachlos da, erwürgt von ihrem Schrecken. Und sie sehen im Schein der Sterne zwei Augen und ein schmales verfallenes Frauengesicht, das ihnen völlig fremd ist.

Und dann gewahren sie einen Glanz: Tränen, die langsam über die Wangen rinnen.

Nachdem sie die eigenen Tränen getrocknet hatten, führten sie Paula ins Haus. Sie fragten sie nichts; sie gaben ihr etwas zu essen. Sie gaben ihr ein Glas Most[67] zu trinken; sie holten ein großes Brot und den Speck und legten das auf den Tisch. Dann schauten sie zu, wie ihr Kind aß und trank. Sie sagten: "Iß doch mehr! Du hast sicherlich Hunger."

"Nein, gar nicht", sagte Paula.

"Na, dann leg dich halt schlafen. Miteinander sprechen werden wir morgen früh."

Also ging Paula schlafen, legte sich in ihr Mädchenbett, auf den harten Strohsack, der noch von einst die Bucht ihres Körpers hatte.[68] Sie schlief sofort ein, sank wie ein Stein auf den Grund, und sie schlief in der Kindheit, schlief in dem alten Haus, das lebendig war und leise knisterte unter der schweren Augustnacht. In der Linde huschte es auf und ab: Siebenschläfer, die dort ihr Quartier hatten.[69] Fern erwachte die Stimme des Waldes, ein Schnarchen, tief wie aus einem Almhorn.[70]

Mit einem Schlag[71] war Paula hellwach. Die Kammer von kühlen bläulichen Schatten erfüllt; der Brunnen schallte, die Hähne krähten; der Morgen wiegte sich schon wie ein Pfirsich[72] im offenen Fenster. – Sie hatte auf diesem spartanischen Lager[73] so wunderbar, so erquickend geschlafen, daß sie gar nicht wie sonst das Bedürfnis hatte, noch zwischen Traum und Wirklichkeit weiterzudämmern. Sie erhob sich, warf ihr Unterkleid ab und reckte den nackten Körper voller Behagen. Der muntere Frühwind sprang herein und streichelte ihn wie mit Hasenpfoten. Die Muskeln zuckten unter der gelblichen Haut.

Sie blickte an sich hinab, blickte auf ihre ausgemergelten Beine; sie hätte sich gerne in einem großen Spiegel betrachtet. Aber so etwas gab es hier nicht. Nur das Fragment eines Spiegels, ein Scherben, nicht größer als eine Handfläche, war an der Schranktür befestigt. Sie schaute hinein, strich das Haar aus der Stirn und besah sich lange und prüfend. Ein verwüstetes Mädchen staunte sie an mit

---

[67] **Most** apple cider

[68] **der noch von einst die Bucht ihres Körpers hatte** that still had from long ago the curve of her body

[69] **Siebenschläfer, die dort ihr Quartier hatten** dormice, who had their quarters there

[70] **tief wie aus einem Almhorn** deep as from an Alpenhorn

[71] **mit einem Schlag** all at once

[72] **wiegte sich schon wie ein Pfirsich** swayed like a peach

[73] **auf diesem spartanischen Lager** at this Spartan camp (*i.e., her parent's rustic cottage*)

Augen, die schwammen in einem blaugrauen Sumpf. Ach ja, es war allerhand passiert, seitdem sie sich hier zuletzt gesehen. In diesem Gesicht hatte irgendein Etwas häßliche Spuren zurückgelassen, so wie ein Heerzug seine Spuren in einer Landschaft zurückläßt.[74] Da waren Schatten über der Stirn, da war eine Härte um den Mund, da waren kleine frivole Falten und die Haut von grauer, unappetitlicher Blässe, pfui Teufel! Sie schnitt diesem Mädchen eine Grimasse[75] und wandte sich ab, aber gar nicht verstimmt: Es bedrückte sie heute nicht im geringsten, daß sie so wenig schön und schon nicht mehr ganz jung war.

Sie trat ans Fenster und schaute hinaus. Im Garten wogten die Blumen bunt durcheinander: Bauerndirnen, die sich erhitzt und lachend am Tanzboden drängten.[76] In diese Gesellschaft, dachte Paula, passe ich nicht mehr, aber was tut's?[77] Sie atmete tief und beglückt, das Sonnenlicht funkelte weiß wie Kristall; im Laub der Linde braute ein leuchtender Nebel. Die Luft schien von zarten goldenen Fäden durchsponnen zu sein, und wo Schatten lag, glomm sie durchsichtig grün wie ein Wasser.[78]

Ringsum tönte das Land.

Paula faßte den Entschluß, sich am Brunnen heroisch die Sünden herunterzuwaschen.[79] Der Brunnen sang in blaugrauen Tönen wie eine Amsel. In der Küche nebenan klirrte Geschirr; ihre Eltern waren natürlich schon auf und machten sich dort zu schaffen.[80] Hurtig schlang sie ein Handtuch um ihre Nacktheit, machte die Türe ein wenig auf und lugte verstohlen hinaus.[81] Die Mutter stand am Herd und rührte in einem Topf; der Vater saß auf dem Schusterschemel und putzte gewissenhaft seine Pfeife. Ganz langsam und leise waren die beiden Alten; eine große Stille schien sie wie leerer Raum zu umgeben: Sie waren müde und traurig, sie waren alt.

In diesem Augenblick fühlte Paula ein großes Mitleid, eine so innige Liebe und so viel Reue, daß sie sich hätte hinknien können und weinen. "Ich gehe mich waschen", rief sie mit heiserer Stimme, huschte eilig aus dem Zimmer und an den Eltern vorbei; ihre bloßen Füße klatschten laut auf den Fliesen.

Dann steht sie am Brunnen. Sie wirft ihre Hülle beiseite, neigt sich schaudernd über den hölzernen Trog, der eine moosgrün duftende Nässe um sich verbreitet.

---

[74] **so wie ein Heerzug seine Spuren in einer Landschaft zurückläß**t as a military expedition leaves behind its traces in a landscape

[75] **sie schnitt diesem Mädchen eine Grimasse** made a grimace at this girl

[76] **Bauerndirnen, die sich erhitzt und lachend am Tanzboden drängten** (*like*) country girls who, overheated and laughing, jostle on the dance floor

[77] **was tut's** what does it matter

[78] **glomm sie durchsichtig grün wie ein Wasser** it (*the air*) gleamed transparent green like water

[79] **faßte den Entschluß, sich am Brunnen heroisch die Sünden herunterzuwaschen** made the decision to wash her sins away heroically at the fountain

[80] **machten sich dort zu schaffen** busied themselves there

[81] **lugte verstohlen hinaus** peered out furtively

Sie taucht das Gesicht in diese Nässe schon wie in das Wasser selbst, formt mit den Händen eine geräumige Schale, läßt den bleiernen Strahl da hineinsprudeln[82] und beginnt sich heroisch zu waschen. – Das Wasser ist eisig; es umklammert mit harten Fingern das Herz und geißelt die Haut wie Hagel. Sie plumpst mit beiden Armen tief in den Trog, daß der braune Schlamm vom Boden emporsteigt in drohenden Wolken. Sie ist ganz wild, sie keucht und schnauft und gibt kleine quiekende Laute von sich,[83] tobt sich in einem platschenden, sprühenden, glitzernden Wassersturm aus. Ach, wie lange schon hat sie sich nicht mehr so herrlich gewaschen! Wie lange hat sie sich nicht mehr so sauber gefühlt! Taumelnd errafft sie das Tuch. Und dann jagt sie, noch triefend, mit schweren Sprüngen, von denen die Brüste erzittern, zurück in das Haus.

Rasch war sie angezogen. Die wenige Wäsche, das einfache Kleid, und ohne Strümpfe hinein in die Schuhe. Sie will sich, wie sie es schon gewohnt ist, auch noch die Lippen schminken; aber das könnte die Eltern verstimmen. Also steckt sie den Stift ins Täschchen zurück[84] und geht hinaus in die Küche.

Das Frühstück war fertig. Sie setzten sich um den alten Tisch unter das Muttergottesbild,[85] vor dem in einem roten Glas ein stilles Ölflämmchen brannte. Die Küche war Wohnraum und Werkstatt zugleich: es roch nach Schuhen, nach Leder und Leim; aber es roch auch nach frischem Kaffee. Weil Sonntag war, gab es Kaffee und Weißbrot und Butter.

"Also du bist wieder da", sagte der Vater. Er beäugte diese fremde Person, die sich als seine Tochter ausgab und es ja zweifellos auch war, mit einem Blick, der zu flehen schien: Komm mir nicht nahe! Weck mich nicht auf! Laß mich weiterträumen von jenem Gesicht, das du einmal hattest und jetzt nicht mehr hast! Verdränge es nicht! Mein Traum ist mir lieber als du.

Die Wanduhr tickte; eine Hummel stieß gegens Fenster.[86] Die Augen des Vaters hatten das Grün ferner Almen,[87] und manchmal schwamm ein Schleier über sie hin wie ein Nebelfetzen, der langsam an Bergen vorbeizieht.

"Schade, daß es keinen Sterz[88] gibt, ich habe mich immer danach gesehnt", sagte Paula. Die Mutter schaute sie von der Seite mißtrauisch und verständnislos an:

---

[82] **läßt den bleiernen Strahl da hineinsprudeln** lets the leaden stream (*from the fountain's faucet*) bubble into them

[83] **keucht und schnauft und gibt kleine quiekende Laute von sich** gasps and wheezes and lets out small squeaking noises

[84] **steckt sie den Stift ins Täschchen zurück** puts the lipstick back into her purse

[85] **Muttergottesbild** picture of the Virgin Mary

[86] **eine Hummel stieß gegens Fenster** a bumblebee flew against the window

[87] **das Grün ferner Almen** the green of distant Alpine pastures

[88] **Sterz** *a porridge-like breakfast dish made from corn or other meal*

"Dir ist unser Sterz abgegangen?"[89]

Um die Lampe, die von der rauchschwarzen Decke herabhing, kreisten drei Fliegen mit dünnem Gesumm, als machten sie Jagd aufeinander.

"Es ist vielleicht gar nicht der Sterz", sagte Paula. "Wenn ich ihn irgendwo anders zu essen bekäme, so würde er mir gewiß nicht besonders schmecken. Nein, wonach ich immer ein solches Verlangen hatte, ist eigentlich etwas anderes. Es ist…Ach, ich weiß nicht…Vielleicht nur ein Klang, ein Gefühl…Der Westwind, der vorgestern abend wehte, der brachte einen Geruch in die Stadt: Ich bin ganz traurig geworden, ganz komisch…Auf einmal hatte ich Heimweh."

Das Ticken der Uhr erfüllte wieder die Stube. Am Fenster zuckten wie purpurne Wunden die Pelargonienblüten. Die Mutter sah Paula lange an, dann sagte sie merkwürdig weich:

"Du siehst sehr schmal aus, Mädel, du hast dich verändert."

"Gott sei Dank! Ich war ja ein furchtbarer Trampel."[90]

"Und was bist du jetzt?" fragte der Vater. Sein Blick blitzte auf wie ein Taschenmesser, das einer plötzlich drohend hervorzieht und aufklappt.[91]

"Jetzt ist sie eine Dame", sagte die Mutter, und man wußte nicht recht, war es ernst gemeint oder war es verborgener Spott. Paula starrte in ihre Schale; die war ihr noch gut bekannt; schon als Kind hatte sie daraus den Kaffee getrunken. Und dann betrachtete sie die gewaltigen Brüste der Mutter, die, kaum von dem seidenen Mieder gebändigt,[92] schwer auf der Tischkante ruhten. Auch aus ihnen habe ich einmal getrunken, dachte sie, und es wurde ihr heiß in den Augen. Sie sagte:

"Man möchte es gar nicht glauben, daß so viel Zeit vergangen ist."

"Du hast uns wohl manches zu erzählen", sagte der Vater und blickte zur Seite. Mit klobigen Fingern begann er die Pfeife zu stopfen.

"Ich wüßte wirklich nicht, was", sagte Paula.

"Ach so!"

"Es ist nicht der Rede wert."[93]

"Na ja, wie du meinst."

Er wandte sich ab, rauchte die Pfeife an und verschwand hinter Wolken.[94]

"Mit dem Abendzug fahre ich wieder zurück in die Stadt," sagte Paula. Auf einmal war alles so sonderbar, als spräche sie schon aus weiter Ferne zu irgendwem, der sie doch nicht zu hören vermochte.

---

[89] **dir ist unser Sterz abgegangen** you missed our porridge

[90] **Trampel** clumsy clod

[91] **das einer plötzlich drohend hervorzieht und aufklappt** that someone suddenly pulls out threateningly and clicks open

[92] **kaum von dem seidenen Mieder gebändigt** hardly contained by the silk bodice

[93] **nicht der Rede wert** not worth talking about

[94] **verschwand hinter Wolken** disappeared behind clouds (*of pipe smoke*)

Nach Dem Lesen: Teil IV

1. Finden Sie möglichst viele Stellen in Teil IV, wo Stille oder Geräusche beschrieben werden.

2. Welche Gerüche erscheinen in diesem Teil?

3. Welche Dinge in Teil IV erinnern Paula an ihre Kindheit?

4. Warum, denken Sie, bedrückte es Paula nicht, dass sie nicht mehr schön oder jung im Spiegel aussah?

5. Was war die Ursache von Paulas Heimweh?

Vor Dem Lesen: Teil V

Read these fill-in statements, then browse Part V of the story below, taking no more than one minute per page, and then complete the statements.

1. Der Vater fand Paulas Schuhe ____.

2. Das Dorf schien Paula ____.

3. Die Dorfleute begrüßten Paula ____.

4. Bei der Messe hat Paula ____.

5. Paula dachte, der Schmerzensmann an dem Kreuz ____.

Now read Part V in detail, using the footnotes, but trying not to look up words in the glossary.

Teil V

Sie ging mit den Eltern zur Messe, denn sie wollte die Ortschaft[95] wiedersehen. Aus dem Gebräu verschiedener Laubkronen hob der Turm sein behelmtes Haupt und lugte hohläugig über das Land. Die Glockenklänge schwirrten wie Schwalben daher.

"Was für ein schönes Kleid die anhat!" staunte die Mutter. "Und die Schuh'![96] Schau dir die Schuh' an, Vater!"

Der kleine Mann besah sich die Pumps seiner Tochter sehr kritisch. Er blickte hinab auf die schreitenden Füße, auf die hohen Stöckel, die manchmal im Sand

---

[95] **Ortschaft** village
[96] **Schuh'** = **Schuhe**, shoes

ganz versanken, und er schüttelte immer wieder bedenklich den Kopf.

"Die sind nichts wert", konstatierte er schließlich.

Der Himmel wölbte sich ungeheuer wie eine Kuppel aus blauem Glas und hallte in seinen Tiefen.[97] Faul ausgestreckt lag das Land unter ihm; es schien leise zu schnurren, es fühlte sich wohl; es lag weich und warm in der Morgensonne und schnurrte wie eine Katze.

"Mit den Schuhen", sagte der Vater, "mit denen kommst du nicht von hier bis Hofstätten."[98]

Paula stelzte zwischen den Alten etwas unbeholfen den steinigen Feldweg hinab.[99] Sie sagte:

"Die Schuhe sind gut genug. Und in Hofstätten habe ich nichts verloren."

"Das verstehst du halt nicht, das ist etwas Feines, nichts für unsereins,"[100] lachte die Mutter, und wiederum wußte man nicht, war es Ernst oder Hohn.

Am besten, man dachte darüber nicht nach; am klügsten, man hörte gar nicht auf dieses Geschwätz[101]; am weisesten, man blickte hinauf in die Luft. Das hohe, taunasse Gras streifte kühl an den Waden.[102] Herrlich wäre es jetzt gewesen, barfuß durch diese Wiese zu laufen, wie man als Kind es so oft getan. Sie wollte schon die Schuhe abstreifen, da sagte der Vater in seinem verächtlichen Tonfall:

"Solches Schuhzeug ist nur für die Augen gemacht. Gehen kann man nicht mit dem Glumpert."[103]

"Ich weiß", seufzte Paula, "die Böcke, die du fabrizierst, in denen hatscht man ein ganzes Leben lang durch den Kuhdreck.[104] Mir sind aber trotzdem die da lieber, auch wenn sie nach einem Jahr kaputt sind; verstehst du?" – Und mit fliegenden Haaren und flatterndem Rock jagte sie über die Wiese hinab, daß die Gräser, ihr um die Beine peitschend, den Samen versprühten.[105]

Ja, so war sie als Kind gerannt, in einer seligen Raserei, die den Körper aufzulösen schien[106] und die Seele ins Blau entführte. So hatte die Erde sich unten

---

[97] **wölbte sich ungeheuer wie eine Kuppel aus blauem Glas und hallte in seinen Tiefen** arched massively like a cupola of blue glass and echoed in its depths

[98] **Hofstätten** *name of a nearby town*

[99] **stelzte zwischen den Alten etwas unbeholfen den steinigen Feldweg hinab** wobbled rather clumsily between the old people down the stony field path

[100] **nichts für unsereins** not for the likes of us

[101] **Geschwätz** twaddle

[102] **das hohe, taunasse Gras streifte kühl an den Waden** the high, dew-wet grass brushed cool on their calves

[103] **Glumpert** trashy shoes

[104] **die Böcke, die du fabrizierst, in denen hatscht man ein ganzes Leben lang durch den Kuhdreck** the boxes that you make, in them you can shuffle through the cow dung all your life

[105] **daß die Gräser, ihr um die Beine peitschend, den Samen versprühten** so that the grasses, whipping her about the legs, sprayed their seeds

[106] **in einer seligen Raserei, die den Körper aufzulösen schien** in a blessed frenzy that seemed to dissolve her body

vorübergedreht mit ihrer schweren Ladung Wälder und Berge;[107] so hatten die Wellen des Grasozeans das Herz bis unter die Zirruswolken gehoben.

Sie lief, daß ihr der Atem ausging, und hielt schließlich keuchend vor einem verwitterten Stadel, der an den Hang gelehnt düster zum Himmel starrte.[108] Es war eine Stätte süßer Erinnerung. Hier hatte sie, trunken vor Schweiß- und Heuduft, das erste Gewitter der Liebe erlebt, hier hatte der Blitz in sie eingeschlagen und hatte verheerend gezündet.

Unten erwachte das Dorf. Ein Schlurfen von plumpen Bauernfüßen lebte zwischen den Häusern, und ein Gemurmel und Gebrumm erfüllte die schmalen Gassen. Seltsam! Es war noch alles wie früher, und trotzdem sah es ganz anders aus. Die Wege so kurz, die Gebäude so nieder, die ganze Ortschaft so zwergenhaft wie aus der Spielzeugschachtel![109] Sie bogen zum Marktplatz ein, in den Schatten der Ulmen; da war das Wirtshaus, der Krämerladen, und neben dem Pfarrhof hockte die Kirche. Du lieber Gott! War sie es wirklich? Ihr Turm war doch höher gewesen, das Schiff viel breiter…Beängstigend, wie klein das nun alles erschien!

Die Kirchgänger standen in Gruppen beisammen und sprachen über das Wetter. Als sie Paula erblickten, glotzten sie erst wie Kühe, vor denen man jäh einen Regenschirm aufspannt, dann aber ward[110] sie erkannt, und einige Spürnasen[111] näherten sich:

"Ja, die Paula! Da schau einmal an! Wo treibst denn du dich immer herum? Kommst wohl direkt aus Amerika! Gehörst wohl auch zu den 'besseren Leuten'! Haha!!"

Paula wußte nichts Rechtes zu reden[112] wie vertrottelt war sie auf einmal. Sie stammelte etwas von Geldverdienen und Arbeit und wich den forschenden Blicken aus wie voll schlechtem Gewissen. Schließlich stieg ihr das Blut ins Gesicht, sie begann zu sieden und mußte sich abwenden. Da aber pflanzte der Vater sich auf, mitten auf dem Platz; er warf sich stolz in die Brust: "Ja, sie ist Verkäuferin bei einer großen Firma. Sie bezieht ein gutes Gehalt!"[113] – Den Dörflern machte das wenig Eindruck, sie fragten: "Was war sie denn nie auf Besuch da?[114] Es ist doch gar nicht so weit von dort bis zu uns."

---

[107] **so hatte die Erde sich unten vorübergedreht mit ihrer schweren Ladung Wälder und Berge** so had the earth passed by with its heavy load of forests and mountains

[108] **einem verwitterten Stadel, der an den Hang gelehnt düster zum Himmel starrte** a weathered barn that leaning on the incline stared gloomily to the sky

[109] **so zwergenhaft wie aus der Spielzeugschachtel** as dwarflike as if out of the toy box

[110] **ward = wurde**

[111] **Spürnasen** nosy Parkers

[112] **wußte nichts Rechtes zu reden** didn't know how to give them the right answer

[113] **bezieht ein gutes Gehalt** draws a good salary

[114] **was war sie denn nie auf Besuch da** why wasn't she ever here for a visit

Halt den Mund, dachte Paula, halt endlich den Mund, ich bin denen allen doch gleichgültig wie nur etwas.[115] Sie zog die Schultern hoch und verschränkte die Arme, denn plötzlich lief ihr ein Frösteln über die Haut.

Die Messe begann. Für Paula war in den Bänken kein Platz frei. Sie stellte sich also nahe der Tür neben das Weihwasserbecken.[116] Die Bauern und Bäuerinnen kamen, tauchten die Fingerspitzen ein und bekreuzigten sich automatisch. Paula verspürte keine Lust, sich auf diese Weise zu weihen. Erstens ekelte ihr vor der gelblichen Pfütze,[117] zweitens sagte sie sich: wenn das wirklich was Heiliges ist, so würde ich es mit meinen Fingern nur schänden. Fremd und befangen stand sie in dieser Kirche, fühlte sich unfähig mitzumachen, fühlte sich auch des Segens nicht würdig,[118] der hier wie Armensuppe verteilt ward.[119] Und dann staunte sie über den kindischen Prunk,[120] über den Gips und das falsche Gold, über die feisten unsympathischen Engelgesichter und die ausgerenkten Hälse der Heiligen.[121] Wie feierlich war ihr das alles einmal erschienen, wie drohend groß, wie geheimnisvoll! Und wie dumm, wie arm, wie hoffnungslos war es nun. Auch der alte Herr Pfarrer dort vor dem Altar, einstmals ein mystischer Riese und Zauberer,[122] war kläglich zusammengeschrumpft[123] und war nur doch ein Mensch, selbst wenn[124] die Sonne, grell durch das Fenster brechend, ihm manchmal die Glatze mit einem Nimbus umstrahlte.[125] Er hob in zitternden Händen den Kelch,[126] und die brüchige Stimme versagte ihm. Mit dumpfem, gedankenlosem Blöken[127] antwortete die Herde dem Hirten, und der Weihrauch war ganz von dem muffigen Duft der geschonten Sonntagskleider verdrängt. – Trotzdem versuchte Paula zu beten, das heißt, sich dem Himmlischen irgendwie nahezubringen, und es gelang ihr auch, sich allmählich in eine Andacht hineinzusteigern, die ganz echt war und sie für Augenblicke in eine höhere Sphäre erhob.

O Jesus! Ich bin eine schlechte, dumme Person. Aber ich kann nicht aus mir heraus; ich erlebe das jeden Tag. Wenn ich jetzt bete, so tue ich's nicht, weil ich hoffe, dadurch vielleicht besser zu werden, sondern nur, damit ich dir einmal

---

[115] **ich bin denen allen doch gleichgültig wie nur etwas** I'm as indifferent as anything to them all
[116] **Weihwasserbecken** holy water font
[117] **ekelte ihr vor der gelblichen Pfütze** the yellowish puddle disgusted her
[118] **des Segens nicht würdig** not worthy of the blessing
[119] **wie Armensuppe verteilt ward** was distributed like soup for the poor
[120] **Prunk** pomp
[121] **ausgerenkten Hälse der Heiligen** dislocated-looking necks of the saints
[122] **einstmals ein mystischer Riese und Zauberer** at one time a mystical giant and magician
[123] **kläglich zusammengeschrumpft** lamentably shriveled up
[124] **selbst wenn** even if
[125] **die Glatze mit einem Nimbus umstrahlte** a halo beamed around his bald head
[126] **Kelch** chalice (*holding the Communion wine*)
[127] **dumpfem, gedankenlosem Blöken** dull, thoughtless bleating

zeige, daß ich dich trotzdem lieb hab'. O Jesus! Die Magdalena,[128] die hat deine Füße mit ihren Haaren getrocknet. Ich würde das auch; das kannst du mir glauben. Aber du hast mir noch nie den Fuß hingehalten; ich habe ja keine Gelegenheit, Gutes zu tun. Jetzt bin ich daheim, zu Kreuz gekrochen,[129] da zeigt es sich, daß man mich gar nicht mehr will. Was soll ich machen? Ich bin so allein. O Jesus, schau mich an!

Doch der Schmerzensmann[130] an dem Kreuz, ekstatisch verkrampft im tiefsten Grauen des Todes, blickte beharrlich an ihr vorbei, hinaus in eine leuchtende Ferne, die sich irgendwo hoch überm Kirchendach, hoch über den heißen flimmernden Feldern wie sanfte blaue Augen zu öffnen schien. Dann kam ein Bratengeruch bei der Tür herein, ein Dunst von Zwiebeln und Bier aus dem Wirtshaus, und mit scheppernden Orgeltönen wurde das Amt ausgepfiffen.[131]

Nach dem Lesen: Teil V

1. Wieso ist die ganze Sache um Paulas Schuhe so wichtig in der Erzählung?

2. Was meinten die Dorfleute mit ihren Kommentaren über Paula und ihre Abwesenheit?

3. Was antwortete der Vater auf diese Kommentare?

4. Was wollte Paula von Jesus? Fand sie Trost in der Kirche?

5. Was symbolisieren die Gerüche, die in der Kirche bei der Tür hereinkommen?

Vor dem Lesen: Teil VI

Now read these true-false questions, then browse Part VI, taking no more than one minute per page, and answer the questions:

_____1. Nach der Kirche hatten Paula und ihre Eltern ein lebhaftes Gespräch.

---

[128] **Magdalena** Mary Magdalene, the prostitute who washed the feet of Jesus and dried them with her long hair as a sign of regret for her past deeds

[129] **zu Kreuz gekrochen** prostrated myself

[130] **Schmerzensmann** man of sorrows (Jesus)

[131] **mit scheppernden Orgeltönen wurde das Amt ausgepfiffen** with rattling organ tones the Mass was booed off the stage

_____2. Paula dachte, sie hätte Recht, ihre Eltern am Sonntag zu besuchen.

_____3. Paula plante, am selben Tag wieder in die Stadt zu fahren.

_____4. In der Küche sprach Paula mit dem Vater über ihr Leben.

_____5. Die Mutter war über Paulas Leben schockiert.

_____6. Die Mutter entdeckte ein schwarzes Haar auf Paulas blondem Kopf.

_____7. Die ganze Familie redete heftig beim Essen.

_____8. Nach dem Abendessen half Paula ihrer Mutter in der Küche.

_____9. Paula war optimistisch in Bezug auf ihre Familie und ihre Zukunft.

_____10. Sie glaubte, dass der liebe Gott ihr helfen würde.

Now read Part VI in detail, reading the footnotes but trying not to look up words in the glossary.

Teil VI

Paula war verstimmt, die Eltern waren es auch. Auf dem Heimweg wurden keine zehn Worte gesprochen. Die Sonne stach und stach direkt ins Gehirn. Wie ein messerstechendes Goldungeheuer[132] hockte sie oben in ihrem Dampf und bedrohte die kleine Welt.

Ich hätte nicht sonntags kommen dürfen. Ich hätte sie bei der Arbeit antreffen sollen. Ich hätte einen Rechen genommen…Auch eine Mistgabel hätte ich genommen,[133] und ich hätte gleich tüchtig mitgeholfen. Das wäre vielleicht ein Weg gewesen – vielleicht…Ich weiß es nicht.

So dachte Paula, als sie allein den Garten durchstreifte. Die Mutter war in der Küche beschäftigt, der Vater aber war spurlos verschwunden; anscheinend hatte er sich aus dem Staub gemacht.[134] Mit verschlafenem Singen wühlten die Hühner sich in den Sand ein. Paula dachte: Noch ein paar Stunden, dann haben wir's überstanden, wir drei. Sie sah das dunkel zersplitterte Licht, das im Geäst der Obstbäume tanzte, hörte das große Bienengesumm, von dem die Luft ganz

---

[132] **wie ein messerstechendes Goldungeheuer** like a knife-wielding gold monster

[133] **ich hätte einen Rechen genommen…Auch eine Mistgabel hätte ich genommen** I would have taken up a rake, I would even have taken up a pitchfork

[134] **aus dem Staub gemacht** hightailed it out of there

dick war, und eine lähmende Müdigkeit überfiel sie; auf einmal war ihr das alles öde und sagte ihr nichts mehr.

Sie riß einen Apfel ab, biß hinein und warf ihn in hohem Bogen fort; er schmeckte sauer und häßlich. Dann machte sie die Stalltür auf, da stand die Kuh in einer brausenden Wolke von Fliegen. Vorsichtig, um sich die Schuhe nicht zu beschmutzen, drang Paula vor in das braune Dunkel des Raums. Ein schönes, großes, blaues Auge blickte sie leidenschaftslos und aufrichtig an. So ein Tier müßte man haben, da wüßte man, was man hat, dachte sie und streichelte zärtlich das mächtige Haupt; es war tröstlich, seine lebendige Wärme zu spüren. Als sie dann wieder ins Freie trat, atmete sie aus ihrem Kleid den üppigen Stallgeruch, der es durchtränkte, und kam sich beinahe wie eine Landdirne vor.[135] Das machte sie einen Augenblick selig, aber dann bedrückte es sie.

Auf einem Umweg um das Haus, den sie nur aus Unentschlossenheit machte, gelangte sie schließlich in die Küche.[136] Sie hockte sich mit angezogenen Beinen auf den Schusterschemel;[137] und die mageren Hände über den mageren Knien faltend, schaute sie nun der Mutter beim Kochen zu.

Das Feuer knackte leise im Herd; der große Suppentopf sang; in die bleiche Dämmerung warfen die Kessel finstere Lichter.

"Was hast du denn eigentlich wirklich getrieben—dort in der Stadt?" fragte die Mutter. Sie schürte das Feuer und kniff die Augen zusammen.[138]

"Du weißt es doch. Mein Brot habe ich verdient."

"Und sonst?"

Von der flackernden Helle umzuckt[139] war ihr Gesicht ganz rot und glänzte vor Fett.

"In meiner Freizeit habe ich mich vergnügt wie die andern."

"Wie denn?"

"Ins Kino bin ich gegangen—oder in ein Kaffeehaus tanzen. – Außerdem habe ich meine Freunde[140] gehabt."

"Freunde? Was ist das?"

"Etwas sehr Wichtiges, Mutter."

"Und gleich ein paar?" Sie starrte ins Feuer, schaute Paula nicht an.

"Das hat sich so ergeben.[141] Der eine ging, und der andere kam. In der Stadt sind die Leute nicht so beständig wie hier."

---

[135] **kam sich beinahe wie eine Landdirne vor** almost seemed to herself like a country girl

[136] **gelangte sie schließlich in die Küche** she finally reached the kitchen

[137] **hockte sich mit angezogenen Beinen auf den Schusterschemel** she squatted on the cobbler's footstool with her legs drawn up

[138] **kniff die Augen zusammen** knit her brow

[139] **von der flackernden Helle umzuckt** lit up in flashes by the flickering brightness

[140] **Freunde** (*here*) boyfriends

[141] **das hat sich so ergeben** that's how it worked out

"Der Kerl, mit dem du damals davon bist, der hat dich wohl sitzenlassen, wie?"[142]

"Nein, dem hab ich schon den Laufpaß gegeben.[143] Er war ein Schuft. Erinnere mich gar nicht an ihn!"

"Und dann hast du gleich einen anderen gehabt — und wieder einen — und wieder einen — und so ist das weitergegangen! Nicht wahr?"

"Natürlich. Warum auch nicht?"

"Ach so, das findest du ganz natürlich!"

"Natürlich finde ich das natürlich. Das Leben ist halt schon so."[144]

"Furchtbar!" sagte die Mutter. Sie stellte den Schürhaken[145] in die Ecke; es gab ein lautes Geklirr. Paula sagte:

"Ach, warum? Ich finde es sogar lustig. Außerdem steckt sehr wenig dahinter,[146] viel weniger, als man zuerst immer glaubt."

"Das ist ja das Furchtbare", sagte die Mutter. Paulas Züge[147] wurden hart; das Lächeln, das ihren Mund noch umspielt hatte, war nun verschwunden. Sie sprach:

"Ja, du hast recht, es ist furchtbar. Aber man muß sich ja irgendwie durchschlagen."[148]

"Paula!" schrie die Mutter. Ihr Gesicht war dunkelrot.

"Ich will leben. Ich tu', was man tun muß."

"Solange, bis es zu spät ist."

"Wozu sollte es zu spät sein, Mutter?"

"Wenn du das nicht mehr weißt!"

"Ich weiß wirklich nicht, was du da meinst."

Mutter und Tochter schauten sich in die Augen. Aus dem Topf schäumte kochende Suppe über und verzischte wild auf dem Herd.[149] Endlich sagte Paula:

"Mir ist alles gleich.[150] Ich habe nichts zu verlieren."

"Paula!!" schrie die Mutter; es war ein heiserer Schrei. Und dann, nach einer Erstarrung, fragte sie leise:

"Sag, schämst du dich nicht? —Schämst du dich nicht, so zu reden?"

---

[142] **der hat dich wohl sitzenlassen, wie** he dropped you, right

[143] **dem hab ich schon den Laufpaß gegeben** I gave him his marching orders

[144] **halt schon so** just that way

[145] **Schürhaken** poker (*for the fire*)

[146] **steckt sehr wenig dahinter** there's very little to it

[147] **Züge** (*here*) features

[148] **man muß sich ja irgendwie durchschlagen** you have to get by somehow

[149] **schäumte kochende Suppe über und verzischte wild auf dem Herd** boiling soup foamed over and hissed wildly on the stove

[150] **mir ist alles gleich** it's all the same to me

Paula senkte die Lider. Wie schlafend hockte sie da, nur ihr Atem ging heftig. Schließlich fragte sie, und man sah, es kostete sie einen schweren Kampf:

"Warum habt ihr nie geantwortet auf meine Briefe?"

Das Gesicht der Mutter veränderte sich; wuchtig rührte sie in der Suppe. "Was hätten wir auf diese Briefe antworten sollen?" knurrte sie.

"Mir scheint, wir verstehen uns nicht mehr", murmelte Paula. Und als die Mutter nichts erwiderte, sprach sie langsam und leise weiter, als redete sie zu sich selbst:

"Man kann nicht zurück; man sollte sich gar nicht umschau'n. Man muß immer weiter auf dem Weg, den man eingeschlagen hat, wohin er auch führen mag."[151] Und dann sehr herb, sehr bitter: "Man soll sich vor allem nicht einbilden, eine Heimat zu haben, ein Zuhause. Man hat nur den Weg und das Heimweh, sonst nichts, nichts hinten und nichts vorn."

Da legte die Mutter plötzlich den Kochlöffel weg, und mit großer, warmer, gepolsterter Hand strich sie dem Mädchen leise über den Kopf.

Und dann entdeckte sie etwas.

"Ein graues Haar!"

"Reiß es aus!" sagte Paula.

Die Mutter zupfte fast feierlich das graue Haar aus der Hurenfrisur[152] ihrer Tochter.

Die Hitze in der Stube, das fette, massive Essen und eine ausweglose, erdrückende Enge,[153] das alles trieb Paula plötzlich den Schweiß aus den Poren; am ganzen Körper fühlte sie ihn hervorquellen. Qualvoll war diese Sonntagsmahlzeit; Gott versagte ungerührt den angeforderten Segen. Ein Schweigen hatte sich breitgemacht, das alle grausam gepackt hielt und würgte und nur ab und zu unterbrochen wurde[154] von dummen Bemerkungen über den Braten. Ach, sie hatten alle so viel auf dem Herzen, eine so große, eine so häßliche Last, daß es ihnen nicht gelang, aufrecht zu bleiben und sich in die Augen zu schau'n. Mit tief auf die Teller gesenkten Gesichtern saß die Familie um den Tisch, kaute wild und verbissen, als gelte es, das ganze Grauen des Lebens hinunterzufressen.[155] Doch draußen vorm Fenster türmte sich riesig der Tag — in all seiner Pracht, in Stärke und Freiheit, und die Ferne über Gebirgen und Ebenen leuchtete himmlisch.

---

[151] **auf dem Weg, den man eingeschlagen hat, wohin er auch führen mag** on the road that you have taken, wherever it may lead

[152] **Hurenfriseur** whorish hairdo

[153] **eine ausweglose, erdrückende Enge** an inescapable, crushing tightness

[154] **ein Schweigen hatte sich breitgemacht, das alle grausam gepackt hielt und würgte und nur ab und zu unterbrochen wurde** a silence had spread that choked and kept everyone cruelly gripped and was only now and then interrupted

[155] **als gelte es, das ganze Grauen des Lebens hinunterzufressen** as if it were necessary to gobble up all the horror of life

Nur fliehen! dachte Paula, nur noch die Flucht kann mich retten. Sie fühlte, wie ihr ein kalter Tropfen aus der Achselhöhle den Arm hinab eilte.[156] Das war beim Strudel, welcher die Mahlzeit beschloß.

Sie half der Mutter noch rasch beim Geschirrabwaschen, dann schlich sie sich in den Garten hinaus und legte sich hinterm Haus unter einen Birnbaum.

Die Grillen zirpten eintönig, Bienen summten im Laub; aus dem nahen Wald rief manchmal ein Kuckuck. Das gelbe Sonnenlicht tropfte wie Honig von den Zweigen auf Paula herab. Eine große Schläfrigkeit überkam sie, ein dunkler Wirbel, der sie zur Tiefe hinabsog. Es roch nach Gras, nach Heu und Holunder; und dann kamen die Schatten, Geräusche und Stimmen kamen, und der Himmel neigte sich wie ein vergilbtes Gesicht. Sie war wieder ein Kind[157] und lag auf der Wiese, noch etwas verweint, denn sie hatte versagt in der Schule. Nun aber lag sie da ausgestreckt und schaute hinauf, und dort oben im Baum, irgendwo zwischen den ledernen Blättern mußte der liebe Gott sein; dort schillerte manchmal geheimnisvoll der Blick seiner schönen reglosen Eidechsaugen.[158] — Lullend gurgelte es unter ihr wie das Leben einer verborgenen Quelle;[159] ein Pfau entfaltete seinen phantastischen Fächer. Unter dem Dachvorsprung nisteten Schwalben; ihr Gesirre durchschnitt wie ein Messer die Luft,[160] der ganze Himmel schäumte auf einmal von ihnen. Paula fühlte das Flügelflattern ganz dicht an den Ohren, oder war es das Gras? Vielleicht war es das hohe Gras am Bahndamm, das ewig im Winde flatterte, vielleicht war ein Zug vorbeigerumpelt;[161] es hauchte wie Atem übers Gesicht. Ein Mann? Ein Mann mit sehnigen Händen? Mit weißen Zähnen und goldbrauner Haut? – Nein, der Wind! Er wehte aus weiter Ferne, er brauste und orgelte über den Dächern, zerfetzte einen Großstadtbaum…[162] und sie schwenkte sich frech durch die Straßen daher, rieb die Schenkel weich aneinander. Hoch trug der Wind ihren Rock, sie flog! Aber die plumpen Bauernfüße waren heiß und ganz klebrig und schmerzten; es war nicht möglich, mit solchen Füßen im Takt zu marschieren.[163] Aus einem Garten johlte ein Tanzorchester; die Holzbocktrommel

---

[156] **wie ihr ein kalter Tropfen aus der Achselhöhle den Arm hinab eilte** how a cold drop hurried out of her armpit down her arm

[157] *Paula immerses herself in memories of her childhood.*

[158] **dort schillerte manchmal geheimnisvoll der Blick seiner schönen reglosen Eidechsaugen** there glittered sometimes in secret the glance of his beautiful motionless lizard's eyes

[159] **lullend gurgelte es unter ihr wie das Leben einer verborgenen Quelle** under her was a lulling gargle like the welling of a hidden spring

[160] **unter dem Dachvorsprung nisteten Schwalben; ihr Gesirre durchschnitt wie ein Messer die Luft** under the ledge nested swallows; their fluttering cut through the air like a knife

[161] **vielleicht war ein Zug vorbeigerumpelt** maybe a train had rumbled by

[162] **er brauste und orgelte über den Dächern, zerfetzte einen Großstadtbaum** it (*the wind*) blasted and ground over the rooftops, slashed a big-city tree

[163] **im Takt zu marschieren** to march in time (*i.e., Paula can't do the conventional thing*)

klapperte wild in Synkopen;[164] es riß den Körper vor und zurück –schamloser Rhythmus! – Überblenden! – :[165] Rauch! Ein Telegraphenmast huscht vorbei. Die Räder trommeln. Öde Landschaften rollen sich endlos auf und schrumpfen dahin. Ihr gegenüber sitzt ein Alter und kaut bedächtig an einem Stück Wurst. Ich fahre nach Hause, sagt sie. Der Alte blickt auf und nickt ihr zu, als wollte er sagen: Ja, du hast es erraten. Und auf einmal ist sein Gesicht im Nebel zergangen, hat sich aufgelöst in ziehende Wolkenfetzen; nur die Augen schauen weiter riesig und bleich wie die Ferne, wie die leere Weite, die wächst und wächst, ringsum an allen Horizonten, und gähnend den Rachen aufsperrt. – [166] Paula wird winzig. Paula hat Angst, denn sie hat sich versündigt; sie hat ihre Eltern getötet. Ihr kleines Zimmer ist eine ungeheure hallende Halle, eine Bahnhofshalle, und es wird zur Abfahrt gepfiffen.[167]

Plötzlich richtete sie sich auf. "Ist ja lächerlich!" sagte sie laut vor sich hin; ihre Stimme klang ganz brutal und heiser. Die Grillen zirpten. Der Kuckuck rief. Im Westen wucherte dickes Gewölk wie ein grauer Laubwald empor.[168] Aber das alles nun geisterhaft fern, verschwommen wie hinter schmutzigen Fenstern; es schien gar nicht wirklich zu sein; es drang nicht nach innen. Und auf einmal empfand sie die große, die letzte, die ausweglose Einsamkeit und dachte: Also gut. – Da waren die Eltern, die sich verschlossen hatten wie Burgen, da war diese Landschaft, die ja sehr schön war, aber von der man sich schließlich nichts aneignen konnte, und da war sie, die Paula, entwurzelt und achtlos beiseite geworfen, und irgendwo war dann der liebe Gott, der mit unbewegten Eidechsenaugen über das alles hinwegsah.[169]

Nach dem Lesen: Teil VI

1. Warum waren Paula und ihre Eltern nach der Messe verstimmt? Warum dachte Paula, sie hätte am Sonntag nicht kommen sollen?

2. Was symbolisiert oft ein Apfel (z.B., in der Bibel und Literatur)? Was bedeutet es, dass der Apfel, den Paula nahm, "sauer und hässlich" schmeckte?

---

[164] **johlte ein Tanzorchester; die Holzbocktrommel klapperte wild in Synkopen** a dance orchestra howled; the wood-tick drum clapped wildly in syncopation

[165] **überblenden** fade out (*Paula's thoughts move between imagination and reality*)

[166] **gähnend den Rachen aufsperrt** yawning opens its jaws

[167] **es wird zur Abfahrt gepfiffen** the whistle is blowing for departure

[168] **wucherte dickes Gewölk wie ein grauer Laubwald empor** thick clouds luxuriated up like a leafy grey forest

[169] **der mit unbewegten Eidechsenaugen über das alles hinwegsah** who with unmoved lizard's eyes overlooked all of that

3.   Fassen Sie das Gespräch von Paula und ihrer Muttter in der Küche zusammen!

4.   Was bedeutet es, dass Gott "den angeforderten Segen" beim Essen versagte?

5.   Welche Erinnerungen von ihrer Kindheit hatte Paula in diesem Teil?

Vor dem Lesen: Teil VII

Read these true-false questions, then browse Part VII of the story, taking no more than a minute per page, and answer the questions.

_____1. Paulas Vater sagte, dass Paula nicht mehr dieselbe Paula sei wie früher.

_____2. Paula rannte zum Dorf.

_____3. Sie war sehr froh, dass sie ihre Eltern und ihre Heimat besucht hatte.

_____4. "Die Nacht" am Ende der Geschichte ist ein Symbol für Hoffnung.

Now read Part VII of the story in detail, using the footnotes, but trying not to look up words in the glossary.

Teil VII

Bei der Jause[170] machte sie noch einen letzten Versuch. Das Bewußtsein, daß ihr Zug bereits unterwegs war, gab ihr dazu den Mut. Sie sagte:

"Seid ihr mir eigentlich immer noch böse? Es tut mir ja so schrecklich leid, daß ich euch damals gekränkt hab'."

Der Vater schaute sie an. Sein Blick war kahl wie ein Winterhimmel, wo nur hie und da ein paar Raben schwerfällig fliegen. "Nein", sagte er, "wir waren dir niemals böse. Wir haben sie immer lieb gehabt, *unsere*, die kleine Paula, die Paula von früher."

Da krabbelte ihr ein Käfer über den Arm, und um den zu verscheuchen, fuhr sie so heftig aus, daß sie das Mostglas, welches vor ihr stand, umstieß. Schwungvoll ergoß sich das saure Getränk über den Tisch und auf ihr Kleid.

---

[170]**Jause** *Austrian: afternoon coffee, usually with a light snack*

Da war wieder der Wind. Er schmeckte nach Regen. Er schmeckte ein wenig salzig wie Tränen. Er schmeckte vielleicht nach dem Meer. Fernher brauste er durch die Kukuruzfelder.[171]

Die beiden Alten standen oben beim Haus, zwei schwarze Schattenrisse im blaßgrünen Himmel, und hoben – wohl nur pro forma –die Hände zum Gruß. Wie eine dunkle Gewitterwolke wogte ihnen zu Häupten die Linde und rauschte.[172] Es war das Rauschen ewigen Regens, das man vielleicht im Augenblick des Ertrinkens vernimmt.

Paula rannte den Hang hinab. Sie rannte, obwohl sie noch reichlich Zeit hatte; erst als sie auf der Straße war, verlangsamte sie ihre Schritte. Sie ging durch das Dorf, durch die dämmernde Landschaft, blickte nicht links und nicht rechts, und sie wußte dort hinter den hohen Kastanien schon die Station und den Schienenstrang,[173] der durch Tage und Nächte und jedes Wetter immer ins Weite führte. Mit festen Schritten marschierte sie darauf los, bewegte gleichmäßig ihre Beine, und aus dieser Bewegung, aus diesem Rhythmus wuchs plötzlich die Melodie eines Liedes – eines Liedes, das man zum_Wandern, zum Scheiden, im Takt der endlos rollenden Räder oder auf Schiffen singen konnte;[174] es paßte zu allem und strömte dahin wie der Wind.

Und es packte sie und riß sie fort, und sie trieb dahin auf dem Strom, auf dem Lied ihres Schreitens, auf einer Sehnsucht, einer ganz neuen, ganz namenlosen, die kaum dieser Erde mehr galt. – Die Eltern hatte sie wiedergesehen, einen Tag in der Heimat verbracht, aber es war ja gar nicht die Heimat! Es waren ja gar nicht die Eltern mehr! Das, was man manchmal im Traum verspürte wie ein Zuhause, wie den Schoß einer Mutter, wie den behütenden Blick eines Vaters, das, wonach man so Heimweh hatte, wo war das…?

Auf dem Bahnsteig auf und ab gehend, blickte sie immer wieder empor. Wie eine riesige schwarze Blüte öffnete sich über ihren Augen ungeheuer die Nacht.

---

[171] **fernher brauste er durch die Kukuruzfelder** it blustered from afar through the cornfields

[172] **wie eine dunkle Gewitterwolke wogte ihnen zu Häupten die Linde und rauschte** at their heads the linden waved like a dark storm cloud and rustled

[173] **sie wußte dort hinter den hohen Kastanien schon die Station und den Schienenstrang** she already knew the station and the track there behind the tall chestnut tree

[174] **das man zum Wandern, zum Scheiden, im Takt der endlos rollenden Räder oder auf Schiffen singen konnte** that one could sing while hiking, while parting, to the cadence of endlessly rolling wheels or on ships

Nach dem Lesen: Teil VII

1. Was war der "letzte Versuch", den Paula bei der Jause machte?

2. Was war die Antwort von ihrem Vater?

3. Was für Wetter gab es in diesem Teil? Was symbolisiert es?

4. Was hatte sich Paula von "Heimat" erhofft?

5. Finden Sie die Nacht am Ende, die eine "riesige schwarze Blüte" ist, ein positives oder ein negatives Zeichen für Paulas Zukunft?

Zum Schreiben oder zur Diskussion der ganzen Erzählung auf Deutsch

1. Vergleichen Sie das Leben und die Leute in der Stadt mit dem Leben und den Leuten in ihrem Heimatdorf!

2. Welche Gefühle und Gedanken führten Paula dazu, ihre Eltern und ihre Heimat zu besuchen?

3. Welche Hinweise gibt es in der Erzählung, dass Paulas Eltern Paula noch lieben und vermissen?

4. Beschreiben Sie Paulas Verhältnis zur Kirche und zu Gott!

5. Finden Sie diese Erzählung relevant zum heutigen Leben in den U.S.A? Warum oder warum nicht?

Aufsatzthemen

I. Wie beurteilen Sie die Reaktionen von Paulas Eltern auf Paulas Wiederkehr nach Hause? Hätten sie ihre Tochter akzeptieren sollen? Stellen Sie sich vor, was für ein Leben sie im Haus ihrer Eltern und im Dorf ihrer Kindheit gehabt hätte, wenn sie geblieben wäre. Könnte Paulas Leben sich verändert haben, wenn sie und ihre Eltern sich miteinander versöhnt hätten?

II. Vergleichen Sie "Das Testament" und "Das Heimweh." Gut und Böse ist ein Thema in beiden Erzählungen. Wie behandeln die Autoren dieses Thema in jeder Erzählung?

Glossary

das **Aas, -e** beast, vulture
ab off
ab und zu now and then
der **Abend, -e** evening
das **Abendessen, -** dinner
der **Abendwind, -e** evening wind
der **Abendzug, ⸚e** evening train
das **Abenteuer, -** adventure
abermals once again
die **Abfahrt, -en** departure
ab•gehen to go off
abgekämpft worn-out
abgerissen broken off
abgesackt hollowed out, exhausted
ab•hauen to hack up
ab•halten to keep from
ab•holen to pick up (someone and go somewhere)
ab•lenken to distract
ab•nehmen to take off; take
ab•putzen to wipe off
die **Abreise, -n** departure
ab•reißen to tear off
absatzlos flat, without heels
der **Abschied, -e** farewell
der **Abschluss, ⸚e** conclusion
ab•streifen to strip off
die **Abteilung, -en** department
abwärts downward

sich **ab•wenden** to turn away
ab•werfen to throw off
abwesend absent
die **Abwesenheit** absence
ab•wischen to wipe off
die **Achsel, -n** shoulder, armpit
achselzuckend shrugging one's shoulders
achtlos careless
der **Acker, ⸚** field
die **Agonie, -n** agony
die **Ahnung, -en** idea, notion
die **Aktivität, -en** activity
die **Alge, -n** seaweed
all- all
von alledem of all that
vor allem primarily
die **Allee, -n** avenue
der **Alleerand, ⸚er** edge of the avenue
allein alone, by oneself
allerhand all sorts of
allerlei all sorts of
allgemein general
die **Alliteration** alliteration (*a stylistic device in which two or more words within a phrase begin with the same sound*)
allmählich gradually
das **Almosen, -** charity, alms (*usu. plural*)
alt old

altmodisch old-fashioned
der **Altstoff, -e** recyclables
am=an dem
die **Amsel, -n** blackbird
an at, on, during
an jemand vorbei past someone
an•bieten to offer
an•blicken to look at
die **Andacht** devotion
andächtig devout
ander- different, other
ändern to change
aneignen to appropriate; to make one's own
aneinander on each other
an•fahren to bellow at; to snap at
an•fangen to start
die **Anfechtung, -en** appeal
sich **an•fühlen** to feel
anfuhr *see an•fahren*
an•füllen to fill up
angefordert called-for; requisite
die **Angelegenheit, -en** matter, affair
der/die **Angestellte, -n** employee
angestrahlt beamed, radiated
angetan *see an•tun*
angezogen dressed
der **Angorapullover, -** angora (rabbit fur) sweater
die **Angst, ⁻e** fear
angstfrei free of fear
an•haben to have on, to be wearing
an•halten to stop
sich etwas **an•hören** to listen to (something)
   das hört sich gut an that sounds good
ankam *see an•kommen*
auf etwas **an•kommen** to depend on something
die **Ankunft, ⁻e** arrival
der **Anmarsch** advance
   im Anmarsch sein be on the march
an•rauchen to light up
der **Anrufbeantworter, -** answering machine

an•rufen to telephone
an•sagen to announce
an•schauen to look at
anscheinend apparently
an•sehen to look at
das **Ansehen** esteem, reputation
die **Anstalt, -en** arrangement, institution
an•starren to stare at
an•staunen to gape at
an•stellen to do
   sich **anstellen** to line up
antat, antäte *see an•tun*
der **Anteil, -e** share
an•treffen to find; to meet with
an•tun to do something (to someone)
der **Anwalt, ⁻e** lawyer
die **Antwort, -en** answer
antworten to answer
sich **an•ziehen** to get dressed; put on, wear
anzog *see an•ziehen*
der **Anzug, ⁻e** suit
die **Anzughose, -n** suit trousers
die **Apathie** apathy
der **Apfelbaum, ⁻e** apple tree
der **Apparat, -e** telephone
die **Arbeit, -en** work
arbeiten to work
die Arbeitslosenversicherung
   unemployment insurance
der **Ärger** anger
sich **ärgern** to get annoyed
der **Arm, -e** arm
arm (*adj.*) poor; unfortunate
der **Arzt, ⁻e** physician
asozial antisocial
aβen, aβ *see essen*
der **Atem** breath
das **Atemanhalten, -** holding of breath
atemlos breathless
atmen to breathe
auch too
auch nicht not either
auf on, at, to, up
auf und ab up and down

auf•bauen to build up
auf•bewahren to store
auf•blitzen to flash up
aufeinander at/on each other
das **Aufeinandertreffen, -** meeting
auf•fallen to occur *(+dat.* to someone)
auf•geben to give up
auf•gehen be wrapped up, absorbed
aufgereiht in a row
aufgeplatzt burst open
aufgesetzt *see auf•setzen*
aufgesprungen *see auf•springen*
auf•halten, hielt auf, aufgehalten to stop
auf•lösen to dissolve
aufmerksam attentive
auf•machen to open
  sich **auf•machen aus** to get oneself out of
auf•nageln to nail on
auf•passen to watch; to take care of
sich **auf•pflanzen** to plant oneself
aufrecht upright
auf•reißen to tear open
sich **auf•richten** to straighten up
aufrichtig sincere
auf•rollen unroll
der **Aufruhr, -e** commotion, turmoil
die **Aufschrift, -en** inscription
auf•setzen to set up
auf•spannen to put up
auf•springen to spring open; spring up; jump up
auf•spritzen to spray upward
auf•steigen to climb up
auf•tauchen to turn up
auf•tun to get (someone) started on
auf•treten to act
auf•wachen to wake up (oneself)
auf•wecken to wake someone up
auf•wirbeln to whirl up
aufzuckend drawing up
der **Aufzug, ⸚e** elevator
das **Auge, -n** eye
der **Augenblick, -e** moment

die **Augustnacht, ⸚e** August night
aus sein (mit etwas) to be all over (with something)
der **Augusttag, -e** August day
aus•breiten to spread out
ausdruckslos expressionless
aus•fahren to pull up
sich **aus•geben (als)** to claim to be
ausgedehnt spread out
aus•gehen to run out; give out
ausgeliehen *see aus•leihen*
ausgemergelt emaciated
ausgestorben died out
ausgestreckt stretched out
ausgiebig generous
aus•kommen (mit jemand) get along (with someone)
aus•kühlen to cool off
die **Auskunft, ⸚e** information
aus•lachen to make fun of
aus•leihen to borrow
aus•räumen to empty, clean out
aus•reißen to pull out
aus•sehen to look, appear
  gut aussehend good looking
außerdem besides that
außerhalb outside of
die **Aussicht, -en** view, outlook
aus•spucken to spit out
aus•steigen to get out; to climb out
sich **aus•toben** to let off steam
aus•trinken to drink up
ausweglos hopeless
die **Autobahn, -en** highway
die **Autorität, -en** authority
der **Bach, ⸚e** brook
die **Backe, -n** cheek
der **Bäcker, -** baker
  beim Bäcker at the baker's
baden to bathe
  beim Baden when bathing
die **Badewanne, -n** bathtub
die **Bagatelle, -n** trinket, triviality
der **Bahndamm, ⸚e** railway embankment
der **Bahnhof, ⸚e** railway station

die **Bahnhofswirtschaft, -en** train station pub

die **Bahnhofshalle, -n** railway hall

der **Bahnsteig, -e** train platform

die **Bank, ⸚e** bench, pew

der **Bär, -en, -en** bear

barfuß barefoot

baten *see bitten*

der **Bauch, ⸚e** stomach, belly

der **Bauer, -n** farmer

die **Bäuerin, -nen** farm woman; farm girl

der **Bauernbursche, -n** farm boys

der **Bauernfuß, ⸚e** farmer's foot

der **Bauernhof, ⸚e** farm

der **Bauernmadchengeruch, ⸚e** farm-girl smell

der **Baum, ⸚e** tree

beängstigend alarming

beantworten to answer

beäugen to eye; to ogle

bedächtig thoughtfully

sich **bedanken** to thank

bedrücken to depress

das **Bedürfnis, -se** need

befahl *see befehlen*

befangen embarrassed; self-conscious

befehlen to order

befestigt fastened

sich **befinden** to be located; to find oneself

befremdet astonished

befreunden befriend

befühlen to touch; to handle

der **Befund** finding

begann, begannen *see beginnen*

begehen to commit

beginnen to begin

beglückt happy

begonnen *see beginnen*

begreifen to grasp; to comprehend

begriff *see begreifen*

das **Behagen** comfort; pleasure

behandeln to treat

beharren to insist

beharrlich fixedly

behaupten to claim

behelmt helmeted

behüten to guard; to protect

behutsam careful

bei at the house of

bei•bringen (+*dat*) to teach

beide both

das **Beil, -e** hatchet

beim (+*infinitive*) in the process of

das **Bein, -e** leg

das **Beinchen, -** little leg

beinahe almost

beisammen together

beiseite aside

bekam, bekäme *see bekommen*

bekannt known

bekommen to get

sich **bekreuzigen** to cross oneself

beladen loaded

belasten to burden

belecken to lick

bemerken to notice

die **Bemerkung, -en** remark

sich **bemühen** to attempt; to exert oneself

benachrichtigt informed

benutzen use

beobachten to observe

die **Beratung, -en** consultation

berauscht intoxicated

bereit ready

bereits already

berückend captivating

beruhigend calming

berühren to touch

der **Berg, -e** mountain, hill

beschäftigt busy

beschließen to close; to end

beschloss *see beschließen*

beschmieren to smear

beschmutzen to dirty

beschreiben to describe

beschrieben *see beschreiben*

besehen to look at; to inspect

besonder- special

besonders especially
besorgt concerned, worried
besprechen to discuss
besprühen to spray
bestand *see bestehen*
das Besteck cutlery
bestehen (auf) to insist on; (aus) to
  consist of
besteigen to climb onto
besser better
best- best
beständig steady; permanent
bestellen to order
bestiegen *see besteigen*
bestimmt certainly
besuchen to visit
sich betätigen to work; to busy oneself
betäubt deafened
beten to pray
betrachten to observe; to consider
betraf *see betreffen*
betreffen to concern
betreten to enter
das Bett, -en bed
beugte...herab *see herab•beugen*
der Beutel, - bag
bewegen to move
  die Bewegung, -en motion; movement
bewegungslos motionless
das Bewusstsein awareness;
  consciousness
bezahlen to pay
bezeichnen to designate
in Bezug auf in relation to, with reference
  to
biegen to turn
biegsam supple
die Biene, -n bee
das Bienengesumm buzzing of the bees
das Bier, -e beer
das Bild, -er picture
das Billett, -e ticket
billig cheap
der Birnbaum, ∸e pear tree
bis until, up to

bisschen bit
die Bitte, -n request
bitte please
bitten to request
sich blähen to balloon out
blass pale
die Blässe paleness
blassgrün pale green
das Blatt, ∸er leaf
die Blätterhülle, -n leaf husk
blau blue
blaugrau blue-grey
bläulich bluish
bleiben to stay
bleich pale
der Blick, -e glance
blicken to look
blickte...an *see an•blicken*
blickte...empor *see empor•blicken*
blickte...hinab *see hinab•blicken*
blickte...hinauf *see hinauf•blicken*
blieb *see bleiben*
blinken to twinkle; to flash
der Blitz, -e lightning
blitzte...auf *see auf•blitzen*
blitzschnell lightning quick
bloß bare; mere
bloßfüssig barefoot
blühend blooming
das Blut blood
blutrot blood-red
blutverschmiert blood-smeared
die Blüte, -n blossom
der Boden, ∸ bottom; floor
bodenlos bottomless; enormous
bog *see biegen*
  bog...ein *see ein•biegen*
der Bogen, - curve
bohren to bore; to drill
böse mad, angry
bot...an *see an•bieten*
brachte *see bringen*
die Brandung, -en surge
der Braten, - roast
der Bratengeruch, ∸e smell of grilling/
  frying

das **Brathuhn,** **⸚er** roast chicken
brauchen to need
der **Braunkohlenrauch** brown coal
  smoke
der **Braunton,** **⸚e** brown tone
brauen to brew
brausend roaring
brechend breaking
breit wide
breit•machen to spread oneself
breitete...aus *see aus•breiten*
die **Bremse, -n** brake
brennend burning
der **Brief, -e** letter
bringen to bring; to take
bringe...weg *see weg•bringen*
das **Brot, -e** bread
das **Bruchstück, -e** fragment
brüchig brittle, fragile
brummen to grumble; to growl
der **Brunnen, -** well, spring
die **Brust,** **⸚e** breast
der **Brustkorb,** **⸚e** chest
der **Buchstabe, -n, -n** letter
sich **bücken** to bend over
bunt colorful
die **Burg, -en** fortress
der **Busch,** **⸚e** bush
der **Büttenumschlag,** **⸚e** parchment
  envelope
die **Butter** butter
der **Chinese, -n** Chinese (man)
chinesisch Chinese
chirurgisch surgical
die **Courage** courage
die **Cousine, -n** (female) cousin
da therefore
  dabei nearby
  damit with that; so that
  danach afterward
  dazu to it
das **Dach,** **⸚er** roof
dachte *see denken*
daheim at home
das **Daheimsein** being at home

daher•schweben to float along
dahin und dorthin here and there
dahin•schrumpfen to shrink away
dahin•strömen to stream along
dahin•treiben to drive along
daliegend lying there
damals at that time
die **Damenhandtasche, -n** lady's
  handbag
dämmern to grow dusky
die **Dämmerung** twilight
der **Dampf,** **⸚e** steam, vapor
der **Dank** thanks
dann then
dann und wann now and then
die **Decke, -n** ceiling
decken to set the table
denken to think (**an** of)
denn because; then
dennoch nevertheless, yet
deshalb for that reason
dessen whose
deuten to point
deutlich clear
der **Deutschlehrer, -** German teacher
dicht an close to
dick fat
der **Dieb, -e** thief
das **Ding, -e** thing
direkt direct
diverse assorted
doch certainly
der **Dokumentarfilm, -e** film
  documentary
das **Dorf,** **⸚er** village
der **Dörfler, -** villager
dort there
der **Draht, -e** wire, (telephone) line
dran=daran
  spät dran late for it
drang *see dringen*
drang...vor *see vor•dringen*
sich **drauf•setzen** to set upon
draußen outside
drehen to turn

dreihundert three hundred
dreitägig lasting three days
der **Dreschflegelschlag, ⸚e** beating of
   the flail
dringen to press; to penetrate
drinnen inside
drohen to threaten
dröhnen to drone
drüben over there
drücken to press
der **Duft, ⸚e** fragrance
duftend fragrant; smelling
dumm dumb; silly
dümmlich in a silly manner
dunkel dark
dunkelbraun dark brown
die **Dunkelheit** darkness
dunkelrot dark red
dünn thin
der **Dunst, ⸚e** haze, vapor
durch through
durcheinander in a jumble
durch•schauen to see through
durchschreiten to step through
durchsponnen woven through
durch•streifen to roam through
durchtränken to soak; to saturate
dürfen to be allowed to; should
die **Dusche, -n** shower
düster gloomy
eben just
ebenso just as
eben wie just like
die **Ebene, -n** plain
echt genuine
die **Ecke, -n** corner
egoistisch self-centered
eh und je for forever
ehemalig former, previous
der **Ehering, -e** wedding ring
eigen (one's) own
eigentlich anyway, actually
das **Eigentum** property
die **Eile** haste, hurry
   in höchster Eile in great haste

eilen to hurry
eilig hurried
eineinhalb one and a half
ein•biegen to turn in
sich **ein•bilden** to imagine
ein•bohren to bore in; to drill in
der **Eindruck, ⸚e** impression
ein•engen to narrow
einfach simple
ein•fallen to occur
eingeklemmt squeezed in
ein•graben to bury
ein•handeln to do business (in)
einhundert one hundred
einige a few
ein•kaufen to shop
ein•laden to invite
einmal once
   auf einmal at once
   einmal in der Woche once a week
   noch nicht einmal not even
sich **ein•ordnen** to categorize oneself
ein•packen to pack up
ein•räumen fill
einsam lonely, alone
   die **Einsamkeit** loneliness
ein•schalten to turn on; to start (a
   machine)
sich **ein•schenken** to pour for oneself
ein•schlafen to fall asleep
ein•schlagen to strike; to take (a road)
einschmeichelnd ingratiating
ein•stecken to put away
ein•steigen to step in; to enter
ein•tauchen to dip in
eintönig monotonous
ein•treten to enter
einundzwanzig twenty-one
einverstanden agreed
sich **ein•wühlen** to burrow
einzeln individual, separate
einzig single, isolated, only
das **Eisenbahnlied, -er** railroad song
eisig icy
ekeln disgust

ekstatisch ecstatic
die **Eltern** (pl.) parents
empfand *see empfinden*
empfinden to feel; to perceive
empor up
empor•blicken to look up
empor•steigen to rise up
empor•wuchern to grow upward
endlich finally
endlos endless
engte...ein *see ein•engen*
entblösst bared
entdecken discover
sich **entfalten** to unfold
entfernt in the distance
die **Entfernung, -en** distance
entführen to carry off
entgegenkommend obliging
entgegen•nahm *see entgegen•nehmen*
entgegen•nehmen to accept
entlang alongside
entschieden *see entscheiden*
sich **entscheiden** to decide
die **Entschlossenheit** decisiveness
entschuldigen to excuse
entstehen to arise
enttäuscht disappointed
entwurzelt uproot
die **Entzweiung, -en** disunion
die **Erbin, -nen** beneficiary (of an inheritance)
erblicken to catch sight of
die **Erde** earth
die **Erdnuss, ̈-e** peanut
erfüllen to fill
erfrischend refreshing
sich **ergießen, ergoss, ergossen** to spill
ergründen to establish
erhalten to receive; to keep
erheben lift, raise
erhob *see erheben*
erinnern to remind
sich **erinnern an** to remember
die **Erinnerung, -en** memory
erkannt *see erkennen*

erkennen to recognize
erklären to explain
erleben to experience
die **Erleichterung, -en** relief
erlöschen to be extinguished
die **Ermahnung, -en** warning
ernähren nourish
die **Ernährung** nourishment
ernst serious
ernsthaft serious
erpressen extort
erquickend refreshing
erraffen to snatch up
erraten to guess
erregend exciting
erreichen to reach; attain; obtain
erschallen to resound
erscheinen to appear
erschöpft exhausted
erschrocken frightened
erst just; only; not until; first
   erst zehn Jahre alt only ten years old
erstens first of all
die **Erstarrung** numbness
erstaunt astounded
das **Ertrinken** drowning
erwachen to wake up
erwachsen grown-up, adult
erwarten to expect; await
erwidern to reply
erwiegen to weigh; to consider
erwürgt strangled
erzählen to tell, narrate
   die **Erzählung, -en** narrative, story
die **Erziehung** upbringing
die **Erziehungssache, -n** matter of upbringing
erzittern to quiver
das **Essen** food, meal
essen to eat
das **Essensgeld, -er** meal allowance
das **Esszimmer, -** dining room
etlich- several
etwa approximately; by chance

etwas something
das **Eulenauge, -n** owl-eye
ewig eternal
die **Fabrik, -en** factory
der **Fabrikschlot, -e** factory chimney
der **Fächer, -** fan
der **Faden, ⸗** thread
fahren to go; to drive
die **Fahrerin, -nen** (female) driver
die **Fahrt, -en** journey
fährt...vorbei *see vorbei•fahren*
fallen•lassen to drop
falsch wrong; false; fake
die **Falte, -n** furrows
faltend folding
fände *see finden*
die **Farbe, -n** color
die **Fassade, -n** facade, front of building
fassen to get a hold of
faul lazy
die **Faust, ⸗e** fist
das **Faxgerät, -e** fax machine
das **Federkleid, -er** feather dress
fehlen to be missing, to be lacking
feierlich ceremoniously
fein fine
die **Feindin, -nen** (female) enemy
feist fat
das **Feld, -er** field
das **Fell, -e** pelt
das **Fenster, -** window
die **Ferien** (*plural*) vacation
fern distant
die **Ferne, -n** distance
fern•sehen to watch TV
der **Fernseher, -** TV set
der **Fernsehfilm, -e** TV movie
fertig ready
fest firm, solid
fest•stellen to determine; to find out
das **Fett, -e** fat
der **Fetzen, -** rag
die **Feuchtigkeit** dampness
das **Feuer, -** fire
der **Fichtenwald, ⸗er** pine forest

fiebernd fevered
fiel...auf *see auf•fallen*
fiel...ein *see ein•fallen*
fing...an *see an•fangen*
finden, fand, gefunden to find
der **Finger, -** finger
der **Fingernagel, ⸗** fingernail
die **Fingerspitze, -n** fingertip
finster dark
die **Firma, -en** firm, company
flach flat
flackernd flickering
die **Flamme, -n** flame
die **Flasche, -n** bottle
flattern to flutter; to wobble
der **Fleck, -e** spot
flehen to implore
die **Fliege, -n** fly
fliegen to fly
fliehen to flee
die **Fliese, -n** flagstone; tile
fließen to flow
flimmernd glittering, glimmering
flink brisk
flirten to flirt
flog *see fliegen*
flöten to (speak like a) flute
die **Flucht, -en** flight
flüchtig fleeting
das **Flügelflattern** fluttering of wings
der **Flur, -en** entryway
der **Fluß, ⸗e** river
flüstern to whisper
die **Flut, -en** flood
die **Folge, -n** consequence
folgen to follow
formen to form
förmlich formally, ceremonially
forschend inquiring
fort•fahren to continue
fort•rennen to run away
fort•reißen to tear away
fort•werfen to throw away
das **Foto, -s** photograph
fragen to ask

Fragen stellen to ask questions
die **Frau, -en** woman
das **Frauengesicht, -er** woman's face
frech impudent
frei free; available
    ins Freie (into the) outdoors
die **freigebig** generous
die **Freiheit, -en** freedom
die **Freizeit** free time
fremd strange
die **Freude, -n** joy
freudig happy
sich **freuen** to be happy
der **Freund, -e** (male) friend
die **Freundin, -nen** (female) friend
freundlich nice
frisch fresh
frisieren to dress (a person's) hair
frivol frivolous
froh glad
fröhlich happy
frösteln to chill
früh early
das **Frühstück, -e** breakfast
der **Frühwind, -e** early morning wind
fügte...hinzu *see hinzu•fügen*
fühlen to feel
fuhr *see fahren*
    fuhr...aus *see aus•fahren*
fuhr...fort *see fort•führen*
fuhren...hinein *see hinein•fahren*
führen to lead
füllen to fill
    füllte...an *see an•füllen*
fünfzigjährig fifty-year-old
funkeln to sparkle
die **Furcht** fear
furchtbar terrible
der **Fuß, ⸚e** foot
    zu Fuß on foot
der **Fußweg, -e** footpath
füttern to feed (an animal)
gab, gäbe *see geben*
gab...auf *see auf•geben*
gähnend yawning

galt *see gelten*
der **Gang** walk
ganz quite, entirely, (the) whole
gänzlich entirely
gar quite; entirely
    den Garaus machen finish off
gar nicht not at all
die **Garderobe, -n** wardrobe
die **Gardine, -n** curtain
der **Garten, ⸚** garden
der **Gas** gas
    Gas geben to step on the accelerator
die **Gasse, -n** lane
der **Gasthausgarten, ⸚** restaurant garden
das **Geäst** branches
gebacken baked
das **Gebäude, -** building
geben to give
    es gibt there is, there are
das **Gebirge, -** mountain range
geborgen sheltered
gebracht *see bringen*
das **Gebräu** brew, mixture
das **Gebrumm** buzzing, grumbling
die **Geburt, -en** birth
gedacht *see denken*
der **Gedanke, -n, -n** thought
gefallen to please
gefaltet wrinkled
gefärbt dyed
geformt formed; shaped
das **Gefühl, -e** feeling
gefunden *see finden*
gegen against, toward
die **Gegend, -en** region
das **Gegenteil, -e** contrary
gegenüber across from
gehen to go; to walk
das **Geheimnis, -se** secret
geheimnisvoll secret
gehenkt *see henken*
das **Gehirn, -e** brain
gehoben *see heben*
gehören to belong
gehorsam obedient

der **Geier, -** vulture
geißeln lash
geisterhaft ghostly
gekleidet clothed
das **Geklirr** clanking
geklungen *see klingen*
gekommen *see kommen*
das **Gelächter** laughter
das **Gelände, -** grounds
gelang *see gelingen*
gelangen to reach
gelassen *see lassen*
gelaufen *see laufen*
gelaunt in a mood
gelb yellow
gelblich yellowish
das **Geld, -er** money
das **Geldverdienen** earning money
die **Gelegenheit, -en** opportunity
gelingen to succeed
gelten to be valid; to apply to
gemeinsam common, in common
gemeint meant
das **Gemurmel** murmuring
der **Gemüsegarten, ⁓** vegetable garden
genau exact
genießen enjoy
genießerisch with enjoyment
genossen *see genießen*
genug sufficient, enough
genügen to be sufficient; to suffice
genügsam frugal
gepackt seized; gripped
gepfiffen *see pfeifen*
das **Gepolter, -** rumble
gepolstert padded, puffy
gerade just
geraten to get (into)
geräumig capacious; roomy; spacious
das **Geräusch, -e** noise
geräuschlos noiseless
gering little; negligible
   im geringsten in the least
gern(e) gladly, willingly
der **Geruch, ⁓e** scent

das **Geschäft, -e** store
geschehen to happen
   jemand (*dat.*) **recht geschehen** to serve
   someone right
das **Geschenk, -e** gift
das **Gesicht, -er** face
geschickt skillfull
geschieden divorced
geschieht *see geschehen*
das **Geschirr** tableware
das **Geschirrabwaschen** dishwashing
die **Geschirrspülmaschine, -n** dish-
   washer
geschlossen *see schließen*
der **Geschmack, ⁓e** taste
geschmeidig supple
geschminkt made-up (with cosmetics)
geschont preserved, protected
geschultert shouldered, on the shoulder
gesehen *see sehen*
die **Gesellschaft, -en** society
das **Gesicht, -er** face
die **Gesichtsfarbe, -n** facial color
das **Gespräch, -e** conversation
gesprochen *see sprechen*
die **Gestalt, -en** figure
gestehen to confess
gestern yesterday
gestikulieren to gesticulate
gestorben died out
das **Gesumm** humming
gesund healthy, healthful
das **Getränk, -e** beverage
der **Getreidegeruch, ⁓e** grain scent
getrieben *see treiben*
getrunken *see trinken*
gewahren to become aware of; to
   discover
gewaltig enormous
gewann *see gewinnen*
das **Gewehr, -e** gun
gewesen *see sein*
gewinnen to win
gewiss certain
das **Gewissen** conscience

gewissenhaft conscientious
das **Gewitter, -** storm
gewohnt sein to be accustomed to
das **Gewölk** clouds
geworfen *see werfen*
gezerrt *see zerren*
gezogen *see ziehen*
ging *see gehen*
der **Gips** plaster
der **Glanz** brightness
das **Glas, ⸚er** glass
gläsern glassy
glatt smooth
glänzen to shine (**vor** with)
glauben to believe
gleich directly, right away
   gleich darauf immediately afterward
gleichen to be similar
gleichmäßig even; symmetrical
gleichfalls likewise
glitzernd glittering
das **Glitzersteinchen, -** glitter trim
die **Glocke, -n** (glass or protective) bell
der **Glockenklang, ⸚e** ringing of the
   bells
glotzen to goggle, stare
glücklich happy
glühen to glow
goldbraun golden brown
der **Gott, ⸚er** God
das **Gras, ⸚er** grass
grasgrün grass-green
grau grey
das **Grauen** horror
grausam cruel
   die **Grausamkeit, -en** atrocity, cruelty
greifen to reach for, grab
grell glaring
die **Grille, -n** cricket
grinsend grinning, sneering, leering
grob rude
grollen to rumble
groß great, big
die **Großstadtstraße, -n** big city street
der **Großteil, -e** greatest part

grün green
der **Grund, ⸚e** ground, bottom, base
das **Grundstück, -e** piece of land
der **Grundzug, ⸚e** basic principle
die **Gruppe, -n** group
der **Gruß, ⸚e** greeting
der **Gurkensalat, -e** cucumber salad
gut good, well
das **Haar, -e** hair
   der **Haarreif, -e** hairband
haben to have
haften to adhere
der **Hagel** hail
der **Hahn, ⸚e** rooster
sich **haken** to hook oneself
halb- half
   halb sieben 6:30
der **Halbschuh, -e** shoe, oxford
half *see helfen*
die **Halle, -n** hall
hallend resounding; echoing
der **Hals, ⸚e** neck
halt just
halten to hold (**für** consider)
die **Hand, ⸚e** hand
   an die Hand by the hand
die **Handfläche, -n** palm of the hand
die **Handtasche, -n** handbag, purse
das **Handtuch, ⸚er** hand towel
der **Hang, ⸚e** slope
hängen to hang
hart hard
die **Härte, -n** hardness
harzig resinous
die **Hasenpfote, -n** rabbit's paw
der **Hass** hatred
hassen to hate
hässlich ugly
hasten to hasten
hatte *see haben*
hauchen to exhale; to breathe
das **Haupt, ⸚er** head
das **Haus, ⸚er** house, building
der/die **Hausangestellte** household
   employee

die **Hausbank, ̈-e** bench next to the house
die **Hausdame, -n** housekeeper
die **Haut, ̈-e** skin
heben to raise
heftig vehement
heilig holy
die **Heimat** home
heimatlich homelike
heim•fahren to go home
der **Heimweg, -e** way home
das **Heimweh** homesickness (**nach** for)
heiser hoarse
heiß hot
heißen to be named; to be called
    das **heißt** that is, that means
helfen to help
der **Helfer, -** helper
    erste Helfer first-aid workers
die **Helle** brightness
hellwach wide awake
henken to hang
sich **herab•beugen** to bend down
herab•hängen to hang down
herab•tropfen to drip down; to drop down
herauf upward
heraus•holen to take out
sich **heraus•stellen** to turn out, happen
herb sour, bitter
herbeirannten *see herbei•rennen*
herbei•rennen to run up
der **Herd, -e** stove
die **Herde, -n** flock
herein into
hereinbrach *see herein•brechen*
herein•brechen to break in
heroisch heroic
der **Herrenmantel, ̈-** man's coat
die **Herrenmode, -n** men's clothing
herrlich marvelous, splendid
herum around
sich **herum•treiben** to gad about
her•schauen to look here
hervorbrachte *see hervor•bringen*

hervor•bringen to bring forth
hervor•locken to lure out
hervor•quellen to gush out
das **Herz, -ens, -en** heart
    auf dem Herzen on one's mind
das **Heu, -e** hay
der **Heuduft, ̈-e** fragrance of hay
heulen to howl, cry
heurig this year's (*often*, wine)
heute today
hielt, hielten *see halten*
hielt...auf *see auf•halten*
hielt...an *see an•halten*
hieß *see heißen*
die **Hilfe** help
der **Himmel, -** sky
himmlisch heavenly
hin und her back and forth
hin und wieder now and then
hinauf•blicken to look up
hinab•blicken to look down
hinab•rennen run down
hinabsog *see hinab•saugen*
hinab•saugen to suck downward
hinauf•schauen to look up
hinaus out; outward
hinaus•schauen to look out
sich **hinaus•schleichen** drag oneself out
hindern to hinder
hinein into
hinein•blicken to look in
hinein•fahren to drive in
hinein•gehen to go in
hinein•passen to fit into
hinein•schauen to look into
sich **hinein•steigern** to work oneself up
hing *see hängen*
sich **hin•geben** to devote oneself
hin•gehen to go there
hin•halten to hold out
sich **hin•knien** to kneel down
hin•sehen look
hinten in back
hinter behind

hinterm=hinter dem
der **Hintergrund, ⸚e** background
hinüber over, across
hinunter•schauen to look down
hinzu•fügen to add
der **Hirt, -en, -en** shepherd
die **Hitze** heat
hob, hoben *see heben*
hoch high
hochgehechtet storming up
hoch•gehen to go up
hochgetragen *see hoch•tragen*
höchstens at the most
hoch•schleppen to drag up
hoch•tragen to carry up
hocken squat
die **Hoffnung, -en** hope
hoffnungslos hopeless
hoffnungsvoll hopeful
hohe, höhere *see hoch*
hohläugig hollow-eyed
der **Hohn** scorn, derision
holen to get; to fetch
holte...ab *see ab•holen*
holte...heraus *see heraus•holen*
der **Holunder, -** elder (bush)
das **Holz, ⸚er** wood
hölzern wooden
der **Honig** honey
hören to hear
hörst...zu, hörte...zu *see zu•hören*
hörte...an *see an•hören*
die **Hose, -n** pants, trousers
hübsch pretty
die **Hüfte, -n** hip
der **Hügel, -** hill
das **Huhn, ⸚er** chicken
die **Hülle, -n** wrap
der **Hund, -e** dog
hundert hundred
   hundertfünfzig hundred and fifty
hurtig swift
huschen to scurry, flit
   huscht vorbei *see vorbei•huschen*
der **Hut, ⸚e** hat

hysterisch hysterically
immer always
immer noch still
immer wieder again and again
indigoblau indigo (very dark) blue
der **Inhalt, -e** contents
innen inside
innerlich inwardly
innig inward
die **Intensität** intensity
interessieren to interest
inszenieren to stage
irgend some
   irgendwie somehow
   irgendwem (*dat.*) someone
   irgendwo somewhere
irr confused
ja yes, after all
die **Jacke, -n** jacket
die **Jagd, -en** hunt
jagt...zurück *see zuruck•jagen*
jäh abrupt, sudden
das **Jahr, -e** year
die **Jahreszeit, -en** season, time of year
jed- every
jedenfalls in any case
jedoch however
jemand someone
jen- that
jetzt now
jodelnd yodeling
der **Joint, -s** joint (of marijuana)
jubeln exult
jung young
der **Junge, -n, -n** boy
das **Jungmädchengesicht, -er** young
   girl's face
der **Käfer, -** bug; Volkswagen beetle
die **Kabine, -n** elevator car; compartment;
   cab (of truck)
der **Kaffee, -s** coffee
   das **Kaffeehaus, ⸚er** cafe; small
   restaurant
kahl barren; bare
kam *see kommen*

die **Kammer, -n** room
der **Kampf, ⁻e** battle
kann *see können*
die **Kanne, -n** carafe
kannte *see kennen*
der **Kapitalist, -en, -en** capitalist
kaputt ruined
der **Kartoffelacker, ⁻** potato field
der **Kaschmirmantel, ⁻** cashmere coat
käseweiß white as a sheet (*lit.*, white as cheese)
der **Katalog, -e** catalogue, list
die **Katze, -n** cat
das **Katzenfutter** cat food
kauen to chew
    der **Kaugummi, -s** chewing gum
kaufen to buy
kaufte...ein *see ein•kaufen*
kaum hardly
kein no, none
keinerlei no sort of, none at all
der **Kellner, -** waiter
kennen to know
der **Kessel, -** kettle
die **Kette, -n** chain
keuchen to gasp, pant
khakifarben khaki-colored
kichern to giggle
der **Kies** gravel
das **Kind, -er** child
das **Kinderdorf, ⁻er** orphanage
die **Kindheit, -en** childhood
kindisch childish
das **Kino, -s** movie theater
die **Kirche, -n** church
das **Kirchendach, ⁻er** church roof
der **Kirchgänger, -** churchgoer
der **Kirchturm, ⁻e** church steeple
klang, klangen *see klingen*
der **Klang, ⁻e** sound
klappen to go all right
klappern to clatter
klar clear
die **Klasse, -n** class
klatschen to clap; to slap

die **Klausel, -n** provision
das **Klavier, -e** piano
klebrig sticky
das **Kleid, -er** dress, clothing
klein small
klingeln to ring the (door)bell
klingen to sound (**nach** like)
klirren to clatter
das **Klo, -s** lavatory
klobig clumsy
knacken to crackle
knapp barely
das **Knie, -** knee
knistern to crackle; to rustle
der **Knochen, -** bone
knurren to growl; rumble
kochen to cook; to boil
der **Kochlöffel, -** cooking spoon
die **Kochutensilien** (*pl. only*) cooking utensils
das **Köfferchen, -** little suitcase
der **Kolben, -** cob, stick
komisch funny, odd
das **Komma, -s** comma
kommen to come
kommt...wieder *see wieder•kommen*
das **Königsschloss, ⁻er** royal palace
konkurrierend competing
können to be able
konstatieren to state
das **Konto, -en** (bank) account
das **Konzert, -e** concert
der **Kopf, ⁻e** head
köpfen to behead
die **Kopfhaut, ⁻e** scalp
kopfschüttelnd shaking one's head
das **Kopfweh** headache
das **Korn, ⁻er** kernel
der **Körper, -** body
der **Korridor, -e** corridor, hallway
das **Korridorfenster, -** hall window
kosten to cost
die **Köstlichkeit, -en** delicacy
das **Kotelett, -s** cutlet
krabbeln to crawl

krachen to crash
die Kraft, ⸚e strength, power
kräftig powerful
krähen to crow
der Krämerladen, ⸚ (small) shop
krank sick
das Krankenhaus, ⸚er hospital
das Krankenzimmer, - sickroom
die Krankheit, -en illness
kränken to hurt; to offend
kreisen to circle
das Kreuz, -e cross
kriechen to crawl
   zu Kreuz kriechen come crawling back
der Krieg, -e war
der Kristall, - crystal
kritisch critical
kroch *see kriechen*
das Krokoleder, - crocodile skin
die Krokotasche, -n crocodile purse
die Küche, -n kitchen
der Küchentisch, -e kitchen table
die Kuh, ⸚e cow (also: negative name for a woman)
die Kuhglocke, -en cowbell
der Kuhstall, ⸚e cow-stall
kuhwarm cow-warm
kühl cool
die Kühle coolness
der Kühlschrank, ⸚e refrigerator
der Kuckuck, -e cuckoo
der Kummer, - grief
sich (um etwas) kümmern take care (of something)
der Kunststoff, -e synthetic material, plastic
der Kürbis, -se pumpkin
die Kurve, -n curve
kurz short, brief
die Kusine, -n (female) cousin
küssen to kiss
lächeln to smile
lachen to laugh
lächerlich ridiculous

lackieren to lacquer; to paint with nail polish
der Lackmini, -s varnished (shiny plastic) miniskirt
der Lackstiefel, - patent leather boots
lag *see liegen*
lag...an *see an•liegen*
die Lage, -n position, situation
   in der Lage in a position (to do something)
lähmend paralyzing
lallen to stammer
die Lampe, -n lamp
das Land, ⸚er country, land
die Landkarte, -n map
die Landschaft, -en landscape
lang(e) long
   seit langem for a long time
längst long ago
langsam slow
langweilig boring
lassen to let; to allow
die Last, -en burden
das Laub foliage
die Laubkrone, -n crown of foliage
der Laubwald, ⸚er leafy forest
das Laubwerk, -e foliage
laufen to run
lauschen to listen
der Laut, -e noise
laut loud
das Leben, - life
   leben to live; to be alive
lebendig alive; living
das Lebewesen, - living creature
das Lebensmittel, - groceries
das Leder, - leather
   ledern leathery
leer empty
die Leerflasche, -n empty bottles
das Legat, -e legacy
legen to lay; to put
   legte...weg *see weg•legen*
die Leiche, -n corpse
leicht slight; light

leichthin casually
leid painful
es tut mir leid I am sorry
leidenschaftslos dispassionate
leider unfortunately
der **Leim, -e** glue
der **Leinenhut, ‒e** linen hat
leise quiet
die **Leiste** groin
die **Leitung, -en** line
lesen to read
letzt- last
leuchten to shine
die **Leute** (*pl.*) people
das **Licht, -er** light
das **Lid, -er** eyelid
lieb dear, beloved
   lieb haben to love
lieben to love
die **Liebe, -n** love
das **Lied, -er** song
lief *see laufen*
liegen to lie; to be located
ließ *see lassen*
ließ fallen *see fallen•lassen*
der **Lift, -e** elevator
der **Liftschacht, ‒e** elevator shaft
die **Linde, -n** linden tree
links left
die **Lippe, -en** lip
das **Lippenrot, -e** lipstick
das **Loch, ‒er** hole
die **Lokomotive, -n** locomotive
los off, away; unrestrained
los•marschieren to march off
löschen to put out
lösen to loosen
die **Lücke, -n** lacuna, blank spot
lud...ein *see ein•laden*
die **Luft** air
lugen to peer
die **Lust, ‒e** desire, wish
   Lust haben feel like
lustig amusing
   sich **lustig machen** make fun (of

someone or something)
machen to make; to do
machte...auf *see auf•machen*
das **Mädchen, -** girl
das **Mädchenbett, -en** girlhood bed
mächtig mighty
das **Mädel, -** girl
mag *see mögen*
mager thin
die **Mahlzeit, -en** meal
der **Maiskolben, -** corn cob
das **Mal, -e** time, occurrence
   zum ersten Mal for the first time
malen to draw
man one, someone, you
manch- some; something
manchmal sometimes
der **Mann, ‒er** man, husband
das **Männergesicht, -er** men's face
der **Mantel, ‒** coat
die **Mark** German unit of money
der **Marktplatz, ‒e** market square
marschierten...los *see los•marschieren*
das **Maskara** mascara
matt faint, feeble
die **Mauer, -n** wall
mausgrau mousy grey
meckernd bleating
das **Meer, -e** sea
der **Meeresgrund, ‒e** sea bed
meiden to avoid
meinen to mean; to think
die **Meinung, -en** opinion
meist- most
meistens for the most part, mostly
die **Melodie, -n** tune; melody
der **Mensch, -en** person
sich (dat.) **merken** to remember
merkwürdig remarkable
die **Messe, -n** (Catholic) Mass
die **Messingschließe, -n** brass closure
das **Messingschloss, ‒er** brass clasp
metallisch metallic
der **Metzger, -** butcher
mied *see meiden*

miese miserable
die **Milch** milk
mindestens at least
die **Minute, -n** minute
missraten wayward
misstrauisch mistrusting
mit with, along
mit•bringen to bring along
miteinander with each other
mitgeholfen *see mit•helfen*
mit•helfen to assist
das **Mitleid** sympathy, pity, compassion
mit•machen to participate
mitsamt along with
mittags at noontime
der **Mittagsschlaf** noon nap
mitten in the middle
mitunter now and then
mit•zählen to count along
das **Möbel, -** piece of furniture
möbliert furnished
möchten would like
modisch fashionable
mögen to like; may
möglich possible
  möglichst as ... as possible
moosgrün moss-green
der **Morgen** morning
  morgen tomorrow
  morgen früh tomorrow morning
die **Morgensonne, -n** morning sun
der **Most** cider
  das **Mostglas, ⸚er** cider glass
der **Motorradfahrer, -** motorcycle rider
müde tired
die **Müdigkeit** tiredness
muffig musty
mühelos effortless
der **Müll** trash
der **Mund, ⸚er** mouth
münden to run; to flow
munter lively; merry
murmeln to murmur
die **Muschel, -n** receiver (of a phone)
die **Musik** music

der **Muskel, -n** muscle
müssen to have to; must
  nicht müssen not to have to
der **Mut** courage
die **Mutter, ⸚** mother
mütterlich maternal
nach after, toward, to
nach innen towards the inside
nachdenklich thoughtfully
nach•malen to paint
die **Nachricht, -en** news item
nächst- next, nearest
die **Nacht, ⸚e** night
das **Nachtgebet, -e** nightly prayer
nächtlich nocturnal, nightly
nachts at night
die **Nachttischlampe, -n** night table
  lamp
nackt nude
die **Nacktheit** nakedness
nah(e) near
  nahe dran near to
sich **nähern** to come closer
nahe•bringen to bring near
nahm, nahmen *see nehmen*
nahm...ab *see ab•nehmen*
die **Nahrung** nutrition
der **Name, -ens, -en** name
namenlos nameless
nämlich namely
nannte *see nennen*
die **Narkose, -n** narcotics
die **Nässe** wetness; moisture
die **Naturkosmetik, -en** all-natural
  cosmetics
natürlich naturally
der **Nebel, -** fog
der **Nebelfetzen, -** shred of cloud
neben next to
nebenan next door; in the next room
nehmen to take
neigen to bend; to incline
nennen to call (by name)
die **Neonschrift, -en** neon sign
der **Nerv, -en** nerve

jemand (*dat.*) **auf die Nerven gehen** to get on someone's nerves

die **Nervosität** nervousness

neulich recently

neunt- ninth

nicht not

  nicht mehr no longer

  nicht wahr isn't that right

die **Nichte, -n** niece

nichts nothing

nicken to nod

nickt(e)...zu *see zu•nicken*

nie never

nieder low

nieder•gehen to go down; to come down

sich **nieder•setzen** to sit down

niemals never

der **Nikolaus** St. Nicholas Day (December 6, when children get gifts)

noch still

  noch einmal one more time

die **Nummer, -n** number

nun now

nur only, just

oben above

obgleich although

obschon although

das **Obst** fruit

der **Obstbaum, ⁼e** fruit tree

obwohl although

öde deserted; desolate; dreary

offen open

öffnen to open

oft often

ohne without

das **Ohr, -en** ear

der **Ohrring, -e** earring

der **Oleander, -** oleander (flowering bush)

das **Ölflämmchen, -** small oil flame

ölig oily

die **Oma, -s** grandma

die **Operation, -en** operation

ordnungsgemäß in due order

die **Ortschaft, -en** spot

das *or* die (*pl.*) **Ostern, -** Easter

das **Paar, -e** pair, couple

packen to grasp; to grab

packte...ein *see ein•packen*

die **Packung, -en** package

das **Papier, -e** (piece of) paper

die **Parkanlage, -n** parking lot

parken to park

die **Partie, -n** party, group

passen to suit; to fit

patschen to slap

die **Pelargonienblüte, -n** geranium blossoms

perlmuttweiß as white as mother-of-pearl

die **Pfanne, -n** pan

der **Pfarrer, -** pastor

der **Pfarrhof, ⁼e** parsonage, parish house

der **Pfau, -en** peacock

die **Pfeife, -n** pipe

pfeifen to whistle

der **Pfirsich, -e** peach

die **Pflanze, -n** plant

  der **Pflanzteil, -e** part of a plant

das **Pflaster, -** pavement

pfui ugh!; phew!

  pfui Teufel disgusting! for shame!

picken to pick

pinkeln to piddle; to urinate

planen to plan

die **Plastikschachtel, -n** plastic box

der **Plastikschuh, -e** plastic shoe

die **Plastiktasche, -n** plastic purse

platschen to splash

der **Platz, ⁼e** place, seat, open square (in the street)

plötzlich suddenly

plump clumsy

plumpsen to plop

der **Plüschaffe, -n** stuffed monkey

der **Po** (*slang*) behind

die **Polizei** police (force)

die **Polizeisirene, -n** police siren

die **Pore, -n** pore

das **Portemonnaie, -s** wallet

die **Pracht** splendor
preschen to hurry
pressen to press
der **Prozess, -e** lawsuit
prüfend scrutinizing
pünktlich punctually
purpurn purple
pusten to huff, pant
putzen to clean
quälen to torment
qualvoll excruciating
der **Quatsch** nonsense, stuff
quer across
quietschen to squeal
der **Rabe, -n** raven
das **Rad, ⸚er** wheel
ragen to loom; to tower
der **Rand, ⸚er** margin, edge
    am Rande on the verge; marginal
rannte *see rennen*
rannte...fort *see fort•rennen*
rannte...hinab *see hinab•rennen*
rasch fast
rasseln to rattle
die **Ratte, -n** rat
das **Rätsel, -** puzzle
der **Raum , ⸚e** room; space
der **Rauch** smoke
rauchen to smoke
    rauchte...an *see an•rauchen*
rauchschwarz smoke-blackened
raus=heraus out
rauschen to rustle
der **Rechen, -** rake
rechnen to calculate
recht really
rechts (on the *or* to the) right
der **Rechtsanwalt, ⸚e** lawyer
recken to stretch
reden to talk
regeln to regulate
der **Regen, -** rain
der **Regenschirm, -e** umbrella
reich rich
reichlich plenty (of)

reif ripe
die **Reihenfolge, -n** order
die **Reinheit** purity
der **Reis, -** rice
die **Reise, -n** journey, trip
das **Reiskorn, ⸚er** grain of rice
reißen to rip, tear
reiß...aus *see aus•reißen*
reiten to ride
rennen to run
der **Rest, -e** rest, remainder, fragment
die **Reue** remorse
der **Rhythmus, Rhythmen** *(pl.)* rhythm
richten to direct, point (**auf** at)
    richtete...sich auf *see auf•richten*
richtig right, correct
die **Richtlinie, -n** guideline
riechen to smell (**nach** of)
rief *see rufen*
riesig gigantic
der **Ring, -e** circle
rings around
ringsum everywhere
rinnen to drip; to stream
die **Rippe, -n** rib
riss see *reißen*
riss...ab *see ab•reißen*
riss...auf *see auf•reißen*
riss...fort *see fort•reißen*
ritt *see reiten*
roch *see riechen*
röchelnd gasping
der **Rock, ⸚e** skirt
die **Rolle, -n** role
rollen...auf *see auf•rollen*
romantisch romantic
das **Rondell, -e** round area
rot red
rotglühend glowing red
rötlich reddish
der **Rotwein, -e** red wine
ruchbar known
der **Rücken, -** back
rücken to move over
der **Rucksack, ⸚e** backpack

rufe...an *see an•rufen*
rufen to call out
die **Ruhe** peace, quiet
ruhen to rest
ruhig calm
rühren to touch; to make a pathetic
impression on; stir
sich **rühren** to move; to make a move
rund round
runzeln to wrinkle
der **Rüssel** proboscis
rußgeschwärzt soot-blackened
sagen to say (**vor sich hin** to oneself)
sagenhaft mythical
das **Sägewerk, -e** sawmill
sah *see sehen*
sahen..aus *see aus•sehen*
sah...an *see an•sehen*
salzig salty
das **Samenkorn, ⸚er** grain of seed
das **sämtlich** all (of the)
sanft soft, gentle
sang *see singen*
sank *see sinken*
saß *see sitzen*
der **Satz, ⸚e** sentence
sauber clean
säuberlich neatly
sauer sour
saufen to drink (to excess); to booze
saugen suck
die **Schachtel, -n** box
schade too bad (+ **um** about)
schaffen manage, do
das **Schälchen, -** small bowl
die **Schale, -n** bowl
schallen to sound
sich **schämen** to be ashamed
schamlos shameless
scharf sharp
die **Schande** shame; disgrace
schänden to desecrate
der **Schatten, -** shadow
schattenhaft shady
der **Schattenriss, -e** silhouette

schaudernd shuddering
schauen to see; to look
schau...an, schaute...an *see
an•schauen*
schau...her *see her•schauen*
schaute...hinauf *see hinauf•schauen*
schaute...hinein *see hinein•schauen*
schaute...hinunter *see hinunter•schauen*
schauten...zu *see zu•schauen*
schaukeln to swing
schäumen to sparkle; to froth
der **Schein** shine
scheinen to seem; to appear
der **Schenkel, -** thigh
schenken to give (as a gift)
schenkte...ein *see ein•schenken*
der **Scherben, -** fragment, broken piece
die **Schicht, -en** layer
schick chic
schien *see scheinen*
das **Schiff, -e** nave (of a church)
schillern to iridesce; to glitter
schimmern to shimmer
der **Schlaf** sleep
schlafen to sleep
der **Schläfer, -** sleeper
die **Schläfrigkeit** sleepiness
schlafwandelnd sleepwalking
schlaff slack
der **Schlag, ⸚e** blow, impact
schlagen to beat; to strike
der **Schlager, -** hit song
der **Schlamm** mud
schlang *see schlingen*
die **Schlange, -n** snake
schlecht bad
die **Schlechtigkeit, -en** wickedness
schleichen to sneak
der **Schleier, -** veil
die **Schleife, -n** bow
schleifen to grind
schlich, schliche *see schleichen*
schlich...hinaus *see hinaus•schleichen*
schlief...ein *see ein•schlafen*
schließen to close

schließlich finally; after all
schlimm bad
schlingen to gulp down; to twine; to put around
das **Schloss, ⸚er** lock
schluchtartig ravine-like
schluchzend sobbing
schlucken to swallow
schlug *see schlagen*
schlug...vor *see vor•schlagen*
schlüpfen to slip
schlurfen to shuffle
schlürfend shuffling
schmal narrow
schmecken to taste; to taste good
der **Schmerz, -en** pain
schmerzen to ache; to be painful
schminken to make up; to put on cosmetics
der **Schmuck** jewelry
schmutzig dirty
der **Schnabel, ⸚** beak, mouth
der **Schnaps, ⸚e** liquor
das **Schnarchen, -** snoring
schnattern to chatter
schnell fast
schniefen to sniffle
der **Schnurrbart, ⸚e** moustache
schnurren to purr
schockiert shocked
die **Schokolade, -n** chocolate
schön beautiful, nice
die **Schönheit, -en** beauty
schon already
　schon längst for a long time
schonen to preserve; to protect
schöpfen to draw; to take (i.e., hope); to create
der **Schoß, ⸚e** lap, womb
der **Schrank, ⸚e** closet, cupboard
die **Schranktür, -en** closet/cupboard door
der **Schrecken, -** shock
schrecklich terrible
schreiben to write
der **Schrei, -e** scream; cry

schreien to scream
schreiten to step; to stride
schrie *see schreien*
schrieb *see schreiben*
der **Schritt, -e** step
schrumpfen...dahin
　see dahin•schrumpfen
der **Schuft, -e** scoundrel, good-for-nothing
der **Schuh, -e** shoe
die **Schuhgröße, -n** shoe size
die **Schuhspitze, -n** shoe tip
das **Schuhzeug, -e** shoe stuff
der **Schüler, -** pupil
die **Schulter, -n** shoulder
schüren to poke; to stir up
der **Schuster, -** shoemaker
der **Schusterschemel, -** shoemaker's footstool
die **Schusterwerkstatt** shoemaker's workshop
schütteln to shake
die **Schwäche, -n** weakness
die **Schwachstelle, -n** weak spot
die **Schwalbe, -n** swallow (bird)
schwammen *see schwimmen*
schwanger pregnant
der **Schwarm, ⸚e** swarm
schwarz black
schwärzlich blackish
schweben to float
schwebten...daher *see daher•schweben*
schweigen to be silent
das **Schwein, -e** pig
der **Schweiß** sweat
die **Schwelle, -n** doorstep
schwenken to swing
schwer heavy; difficult
schwerelos weightless
schwerfällig heavy; slow
die **Schwester, -n** sister
schwieg, schwiegen *see schweigen*
die **Schwiegertochter, ⸚** daughter-in-law
schwimmen to swim
der **Schwindel, -** flimflam; swindle

schwindelig dizzy
die **Schwingtür, -en** swinging door
schwirren to whirr
schwirrte...vorbei *see vorbei•schwirren*
schwirrten...daher *see daher•schwirren*
der **Schwung, ⁔e** swing
    schwungvoll spirited
die **Seele, -n** soul
der **Segen, -** blessing, abundance
sehen to see; to look (**auf** at)
sehnen to long (**nach** for)
sehnig stringy
die **Sehnsucht, ⁔e** longing
seit (+*time expression*) ago
    schon seit for (+ *time expression*)
    seit langem for a long time
seitdem since
die **Seite, -n** side
die **Sekunde, -n** second
selber oneself
    von selber by itself
selbst even; oneself
selig blissful
seltsam strange, odd
senken to lower
sich **senken** to sink down
die **Sentimentalität, -en** sentimentality
servieren to serve
der **Sessel, -** armchair
setzen to set
sich **setzen** to sit down
seufzen to sigh
sich oneself
sicher safe, sure
sichern to check
sicherlich surely, certainly
sieben seven
    halb sieben 6:30
der **Siebenschläfer, -** dormouse
sieden to seethe
sieht *see sehen*
    sieht...aus *see aus•sehen*
das **Signal, -e** signal
silbern silvery
singen sing

sinken to sink
sinnlos senseless
die **Sirene, -n** siren
die **Sitte, -n** custom
sitzen to sit
die **Sitzung, -en** meeting
die **Sklavin, -nen** (female) slave
so that way, thus
    sofort immediately
sogar even
    soviel so much
    so (et)was that kind of thing
    soweit so far
die **Sohle, -n** sole (of shoe)
der **Sohn, ⁔e** son
solange as long (**bis** as)
solch such
sollen to be supposed to; should
sonderbar odd, peculiar
sonderlich especially
das **Sonnenlicht** sunlight
das **Sonntagskleid, -er** Sunday dress
die **Sonntagsmahlzeit, -en** Sunday mealtime
sonntags on Sunday(s)
sonst else, otherwise
sowieso anyway, in any case
der **Spaß** amusement
    es macht ihr Spaß it was fun for her
spät late
der **Speck, -e** bacon
spekulieren to speculate
spenden to dispense
der **Spiegel, -** mirror
spielen to play
spielte...vor *see vor•spielen*
spinatgrün spinach-green
spontan spontaneously
der **Spott** mockery, derision
spräche, sprachen *see sprechen*
    sprach...weiter *see weiter•sprechen*
sprachlos speechless
sprangen...auf *see auf•springen*
sprechen to speak
der **Sprengwagenfahrer, -** sprinkler truck driver

springen to jump
spritzte...auf *see auf•spritzen*
sprühend spraying
der **Sprung, ⸚e** jump
spuckte...aus *see aus•spucken*
das **Spülbecken, -** sink
die **Spur, -en** trace
spüren to perceive, sense
spurlos without a trace
der **Staat, -en** state
das **Stäbchen, -** sticks, chopsticks
stach *see stechen*
die **Stadt, ⸚e** city
stalinistisch Stalinist
der **Stallgeruch, ⸚e** stall fragrance
die **Stalltür, -en** stall door
stammeln to stammer
stand, standen *see stehen*
ständig constant
die **Stärke, -n** strength
starr rigid, fixed
starren to stare
starrte...an *see an•starren*
das **Stationsgebäude, -** (train) station
  building
statt instead of
die **Stätte, -n** place
staunen to be astonished
staunte...an *see an•staunen*
stechen to pierce; to stab
stecken to put
steckte...ein *see ein•stecken*
stehen to stand
stehen•bleiben to remain standing
steif stiff
der **Stein, -e** stone
steinern- (made of) stone
stellen to place
  Fragen stellen to ask questions
die **Stellung, -en** job; position
  in Stellung sein be employed
sterbend dying
der **Stern, -e** star
das **Sternenlicht** starlight
die **Sternschnuppe, -n** shooting star

der **Sterz** porridge
stickig stifling
stieg *see steigen*
stieg...auf *see auf•steigen*
stieg...aus *see aus•steigen*
stieg...empor *see empor•steigen*
der **Stiel, -e** handle
stieren to stare
stieß *see stoßen*
still quiet
die **Stille** silence
die **Stimme, -n** voice
stimmen to be true; to be correct
die **Stirn, -en** forehead
der **Stock, - ⸚e** floor (of a building)
der **Stöckel, -** high heel
das **Stockwerk, -e** floor (of a building)
stolz proud
  stolz darauf proud of it
stopfen to fill; to stuff
stören to disturb
stoßen to push
stottern to stammer
strähnig wispy
die **Straße, -n** street
der **Strauch, ⸚er** shrub, bush
strecken to stretch
streichen to stroke
streicheln to caress
der **Stein, -e** stone
streng strict
streuen to scatter
strich *see streichen*
die **Strickjacke, -n** knit jacket
das **Stroh** straw
der **Strohsack, ⸚e** straw sack; straw
  mattress
der **Strom, ⸚e** stream
strömen to stream
  strömte...dahin *see dahin•strömen*
der **Strumpf, ⸚e** stocking
die **Stube, -n** room
das **Stück, -e** piece
stumm mute, silent
der **Stummelflügel, -** wing stumps

die **Stunde, -n** hour
stürzen to crash
suchen to seek; to look for
das **Südamerika** South America
summen to hum
der **Summton, ⸚e** buzzing sound
der **Sumpf, ⸚e** swamp, bog
die **Suppe, -n** soup
die **Suppenschüssel, -n** soup tureen
der **Suppentopf, ⸚e** soup pot
süß sweet
der **Tag, -e** day
   am Tag per day
das **Tal, ⸚er** valley
die **Tankstelle, -n** gas station
der **Tanz, ⸚e** dance
tanzen to dance
die **Tanzmusik** dance music
die **Tasche, -n** purse; bag; pocket
das **Taschengeld, -er** pocket money,
   allowance
das **Taschenmesser, -** pocket knife
das **Taschentuch, ⸚er** handkerchief
tat...auf *see auftun*
tatsächlich indeed
tauchen to dip
   tauchten...ein *see ein•tauchen*
taumelnd staggering
tausend thousand
der **Teelöffel, -** teaspoon
teilen to share
der **Telegraphenmast, ⸚e** telegraph pole
der **Teller, -** plate
der **Teppich, -e** rug
das **Testament, -e** will
der **Teufel, -** devil
das **Theaterstück, -e** drama, play
der **Tick, -s** whim, obsession
das **Ticken** ticking
tief deep
tiefblau deep blue
die **Tiefe, -n** depth
das **Tier, -e** animal
der **Tintenkrakel, -** ink-scratch
der **Tisch, -e** table

die **Tischdecke, -n** tablecloth
die **Tischkante, -n** edge of the table
tobt...aus *see aus•toben*
die **Tochter, ⸚** daughter
der **Tod, -e** death
der **Ton, ⸚e** sound, tone
   der **Tonfall, ⸚e** tone (of voice)
tönen to sound
der **Topf, ⸚e** pot
das **Tor, -e** gate
tot dead
töten to kill
traf *see treffen*
tragen to wear; to carry
trägt *see tragen*
der **Tramwayfahrschein, -e** streetcar
   ticket
die **Träne, -n** tear
trank *see trinken*
trank...aus *see aus•trinken*
trat *see treten*
traurig sad
der **Traum, ⸚e** dream
treffen to meet
treiben to do
treibst...herum *see herum•treiben*
trennen to divide; to separate
die **Treppe, -n** stair
treten to step
trieb...dahin *see dahin•treiben*
triefend dripping
trinken to drink
trocken dry
trocknen to dry
der **Trog, ⸚e** trough
trommeln to drum
die **Tropenkrankheit, -en** tropical
   disease
tropfen to drip; to fall in drops
   tropfte...herab *see herab•tropfen*
der **Trost, -e** consolation
tröstlich comforting
der **Trotz** defiance
trotzdem nevertheless
trotzig defiantly

trug *see tragen*
trunken drunken
tüchtig efficient, capable
tun to do
    was tut's what's the difference
die **Tür, -en** door
der **Turm, ‥e** tower
sich **türmen** to tower up
turmartig tower-like
tschüβ bye
übel bad
über over; about
überblenden to fade out
überdies moreover
überfallen to attack suddenly
überfiel *see überfallen*
überhaupt anyway; overall
überkam *see über•kommen*
über•kommen to overcome
überlegen to consider; to think about
überm=über dem
übernachten to stay overnight
überqueren to cross over
überragen to tower above
übers=über das
überschlagen to crack; to break
überstanden *see überstehen*
überstehen to get over; to survive
überwuchert overgrown
das **Ufer, -** shore
die **Uhr, -en** clock
    zehn Uhr ten o'clock
die **Ulme, -n** elm
um around; at; in order to
    um (etwas) herum around (something)
    um so mehr all the more
umarmen to embrace
umfassend comprising
umflieβen to flow around
umgeben to surround
umher•gehen to wander about
umklammern to clasp
umranden to encircle; draw a circle around

umschatten to shade
sich **um•schauen** look around
umschlossen surrounded
sich **um•sehen** look around
um•spielen play around
um•stellen to shift (over) to
umstieβ *see umstoβen*
um•stoβen to knock down
um•stürzen to overturn
sich **um•ziehen** to change clothes
umwickeln to wrap
unabsprechbar unable to be spoken to
unappetitlich unappetizing
unbedingt absolute
unbehaglich uneasy
unbekannt unfamiliar
unbeschwert carefree
der **Undank** ingratitude
undankbar ungrateful
die **Unentschlossenheit** indecision
unfähig unable
das **Ungefähr** near distance
ungeheuer huge; vast
ungeniert nonchalant
ungerührt unmoved
ungeschminkt without makeup
ungesund unhealthy
ungewöhnlich unusual
ungläubig unbelieving
unkleidsam unbecoming
unreif unripe
unsympathisch disagreeable, unpleasant
unten at the bottom; below
unter•gehen to go under; to perish
unterirdisch subterranean
das **Unterkleid, -er** slip
unterrichten to teach
unterscheiden to differentiate
untergeschlagen crossed (arms)
die **Unterschrift, -en** signature
untersuchen to inspect
unterwegs underway
die **Unterzeichnung, -en** signing, signature
unverfänglich harmless

unvermittelt abrupt
unwillkürlich unintentionally
üppig luxurious
die **Ursache, -en** cause
der **Urwald, ̈-er** jungle
urzeitlich primevally
der **Vater, ̈-** father
verabredet agreed
verächtlich contemptuous
verändern to change
verbieten to forbid
verbissen grim
verblichen faded
verblüfft amazed
verborgen hidden, secret
verbot *see verbieten*
verbreiten to spread
verbringen to spend (time)
verbürgen to guarantee
verdammt damned
verderben to spoil
verdienen to earn
verdrängen to displace; to supplant
verehren to worship
verfallen wasted, worn
verfassen to compose; to author
verfolgen to follow
verfroren cold-sensitive
verfügbar available
vergehen to pass
vergessen to forget
vergilbt yellowed
sich **vergnügen** amuse oneself
das **Verhältnis, -se** circumstance
verheerend devastating
verkaufen to sell
die **Verkäuferin, -nen** (female) sales
clerk
verkrampft cramped
verkümmert stunted
verlachen to laugh at
das **Verlangen** longing
verlangsamen to slow; to slacken
verlassen to leave
der **Verlauf, ̈-e** course, procedure

verlegen embarrassed
die **Verlegenheit** embarrassment
verleihen to lend
verletzen to wound; to hurt
verliebt in love
verlieren to lose
verließen *see verlassen*
verloren lost
vermissen to miss
vermögen to be able to
das **Vermögen** estate, fortune
vermuten suspect, intuit
vernarbt scarred over
vernehmen to perceive
vernünftig sensible, reasonable
verpestet polluted
verreisen to go away
versagen to fail; to refuse; to deny
sich **versammeln** to gather
versanken *see versinken*
versaufen to drink up (spend money on
alcohol)
versäumen to miss (i.e., an opportunity)
verschaffen to obtain
verscheuchen to shoo away
verschieden various
verschlafen drowsy
verschleppen to carry off
verschleudern to waste
verschließen to lock up; to seal
verschlossen *see verschließen*
verschmelzen to fuse; to amalgamate
verschwinden to disappear
verschwommen blurred
verschwunden *see verschwinden*
versinken to sink
versöhnen to reconcile
versprechen to promise
verspüren to feel; to perceive; to sense
verstand *see verstehen*
verständnislos without understanding
das **Versteck, -e** hiding place
verstehen to understand
versteinert petrified

versterben to pass away
verstimmen to annoy; put in a bad mood
verstreut scattered
der **Versuch, -e** attempt
versuchen to try; to attempt
sich **versündigen** to sin
versunken lost
verstummen to become silent
verteilen to distribute
vertraut familiar
vertrottelt sapped; tired
verursachen to cause
verwahren to keep
verwandeln to change
verwandt related
verwelkt faded
verwirren to confuse
verwitwet widowed
verwurzelt rooted
verwüstet devastated, ravaged
verzaubert enchanted
verzetteln to fritter away
die **Verzweiflung** despair
viel much, a lot
vielleicht perhaps
vier four
   viert- fourth
die **Villa, -en** villa
der **Vogel, -** bird
voller full of
völlig completely
vollkommen complete
voneinander from each other
vor before, in front of
   vor (+ *time phrase*) ago
   vor sich hin to oneself
   vor und zurück forward and back
die **Voraussetzung, -en** assumption, presupposition
vor•bedenken to deliberate
vorbei past
vorbei•fahren to drive by
vorbei•huschen to flit by
vorbei•schwirren to whiz past
vorbei•ziehen to move past

vor•dringen to push forward
vorgebaut built out
vorgestern the day before yesterday
vor•kommen appear
vor•machen to demonstrate
der **Vorort, -e** outlying district
der **Vorortbahnhof, ‒e** suburban train station
vor•schlagen to suggest
vorsichtig careful; cautious
vor•singen to sing (something for somebody)
vor•spielen to play-act
vor•sprechen to speak (something for somebody)
sich **vor•stellen** to imagine
die **Vorstellung, -en** idea, conception
vorüber along, past
das **Vorurteil, -e** prejudice
der **Vorwand, ‒e** pretext
wachsen to grow
das **Wachstuch, ‒er** oilcloth
wachte...auf *see* **auf•wachen**
der **Wagen, -** car
die **Wagenreihe, -n** row of cars
die **Wählscheibe, -n** (phone) dial
während during, while
die **Wahrheit, -en** truth
wahrscheinlich probably
das **Waisenhaus, ‒er** orphanage
der **Wald, ‒er** forest
das **Waldtal, ‒er** forest valley
die **Wand, ‒e** wall
die **Wanderlust** urge to travel
wandern to wander
wandte *see* **wenden**
wandte...ab *see* **ab•wenden**
wandte...zurück *see* **zurück•wenden**
die **Wange, -n** cheek
wanken to stagger
wäre (*subjunctive of* sein) would be
das **Warenhaus, ‒er** department store
warf, warfen *see* **werfen**
   warf...ab *see* **ab•werfen**
   warf...fort *see* **fort•werfen**

die **Wärme** warmth
warten to wait
   warte mal wait a minute
warum why
was what
   was für ein what a
die **Wäsche** underwear; washable clothing
waschen to wash
das **Waschmittel, -** laundry soap
das **Wasser, ⸚** water, body of water
der **Wassersturm, ⸚e** water storm
watscheln to waddle
wechseln to change; exchange
wecken to wake
   weck...auf *see auf•wecken*
weder...noch neither...nor
der **Weg, -e** way; path
weg away, out
weg•bringen to take away
aus dem Weg gehen to get out of the way
weg•legen to put away
wehen to blow; to flutter
weich soft
weiche...zurück *see zurück•weichen*
sich **weihen** to bless oneself
das *or* die (f/pl) **Weihnachten** Christmas
der **Weihrauch** incense
weil because
die **Weile** while, space of time
der **Wein, -e** wine
der **Weinberg, -e** vineyard
weinen to cry
die **Weise, -n** manner
   auf diese Weise in this way
weisen to point out
weiß *(adj.)* white; *(verb) see wissen*
das **Weißbrot**, -e white bread
weißlackiert white lacquered
weit far
die **Weite, -n** distance
sich **weiten** to widen
weiter•dämmern to continue in a twilight

weiter•gehen to go on
weiter•sprechen to speak further
weiter•träumen to dream on
welch- which
die **Welle, -n** wave
die **Welt, -en** world
sich **wenden** to turn
wenig little
wenige few
weniger less
wenn whenever, if
wer who
werden to become
werfen to throw
   sich auf die Brust werfen bridle up
die **Werkstatt** workroom
der **Wert, -e** value
wert worth
die **Wertanlage, -n** valuable investments
das **Wesen, -** creature, being
wesenlos insubstantial
der **Westen** west
das **Wetter, -** weather
wich...aus *see aus•weichen*
wichtig important
widerlich disgusting
wider•spiegeln mirror
widersprechen to object; to oppose
der **Widerspruch, ⸚e** contradiction
widerstandslos unresisting
widerstrebend reluctantly
wie like, as; how
   wie bitte? what (did you say)?
wieder again
   immer wieder again and again
wiederholen to repeat
wieder•kommen to come back, return
wieder•sehen to see again
wiederum again, on the other hand
wiegend swaying
wies *see weisen*
die **Wiese, -n** meadow
wiesenreich meadow-rich
wieviel how much (*new spelling: wie viel*)

wild wild
der **Wilde, -n** wild man
will *see wollen*
wimmeln teem
der **Wind, -e** wind
der **Winterhimmel** winter sky
der **Wintertag, -e** winter day
winzig tiny
der **Wirbel, -** whirl, whirlwind
wirbeln...auf *see auf•wirbeln*
wird *see werden*
wirkend appearing
wirklich really
die **Wirklichkeit, -en** reality
das **Wirtshaus, ⸚er** inn, pub
wischen to wipe
wischte...ab *see ab•wischen*
wissen to know
wo where
die **Woche, -n** week
das **Wochenende, -n** weekend
wogen to surge, billow
woher from where
wohl probably; well
wohlhabend well off
die **Wohnung, -en** apartment
die **Wohltäterin, -nen** benefactress
das **Wohltätigkeitsgebaren** do-good
    behavior
wohnen to live
das **Wohnhaus, ⸚er** residence
der **Wohnraum, ⸚e** living room
die **Wohnungstür, -en** apartment door
das **Wohnzimmer, -** living room
die **Wölbung, -en** vault
die **Wolke, -n** cloud
    der **Wolkenfetzen, -** shred of cloud
die **Wolkenhaut, ⸚e** cloud cover
wollen to want
das **Wort, ⸚er** *or* **-e** word
wortkarg taciturn
wozu for what
wucherte...empor *see empor•wuchern*
wuchs *see wachsen*
wuchtig weighty

wühlten...ein *see ein•wühlen*
die **Wunde, -n** wound
wunderbar wonderful
wünschen to wish
wurde, wurden *see werden*
würgen to throttle, choke
die **Wurst, ⸚e** sausage
die **Wurzel, -n** root
würzig spicy
wüst vile
wusste *see wissen*
die **Wut** anger
wütend angrily
zahlen to pay
zählen to count
der **Zahn, ⸚e** tooth
zart tender, slight
zärtlich tenderly
zehn ten
das **Zeichen, -** sign
der **Zeigefinger, -** index finger
zeigen to show
    es zeigt sich it turns out
die **Zeit, -en** time
der **Zeitpunkt, -e** point in time
die **Zentralheizung** central heating
zerbrechlich fragile
zerfetzt shredded
zergangen dissolved; melted
zerhacken to hack to pieces
zerknickt creased
zerknittert crumpled
zerknüllen to crumple
zermürbt worn down
zersplittert splintered; dispersed
zerreißen to tear up
zerren to drag
die **Ziege, -n** goat
ziehen to pull; to move; to draw
    zu jemand ziehen move in with
    someone
der **Zettel, -** slip of paper
zielgerichtet goal oriented
das **Zimmer, -** room

die **Zinskaserne, -n** high-priced slum apartment
zirpen to chirp
die **Zirruswolke, -n** cirrus cloud
zischen to hiss
zittern to tremble
zog *see ziehen*
zog...aus *see aus•ziehen*
das **Zögern** hesitation
zog...um *see umziehen*
der **Zoo, -s** zoo
zornig scornfully
der **Zucker** sugar
zucken to shrug, twitch
zu•denken to intend
zuerst first
zufällig by accident
der **Zug, ⁼e** train
zu•gehen to approach
zugetan partial (*dat.* to); fond of
zugleich at the same time; at once
das **Zuhause** home
zu•hören to listen
die **Zukunft** future
zuletzt last
zunicken to nod at
zünden to ignite
zupackend gripping, powerful
zupfen to pluck
zu•rennen to run to
zurück back
zurück•jagen to dash back
zurück•lassen to leave behind
zurück•kommen to come back; return
zurück•weichen to retreat or shrink (*vor* from)
sich **zurück•wenden** to turn back
zusammen together
zusammen•schaudern to shudder
zusammen•schleppen to carry around
zusätzlich in addition
zu•schauen to look on
zuschnappen to snap closed
der **Zustand, ⁼e** condition

zu•steigen to climb in (a vehicle)
der **Zutritt, -e** admission
zuvor previously
zuzüglich plus; in addition to
zwängen squeeze
zwanzig twenty
die **Zwanzigerflasche, -n** twenty-pfennig bottle
zwar to be sure
der **Zweck, -e** purpose
der **Zweifel, -** doubt (**daran** about it)
zweifellos doubtless
zweifelnd doubting
der **Zweig, -e** branch
zweihundert two hundred
zweijährig two-year-old
zweit- second
   zweitens secondly
   der **Zweitwagen, -** second car
   zu zweit by twos; two at a time
die **Zwiebel, -n** onion
zwischen between

Permissions